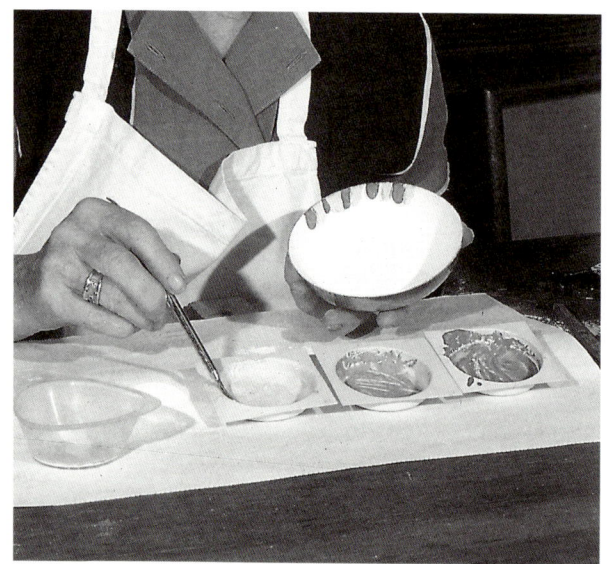

Gertrud Rittmann-Fischer

Gestalten mit Email

Techniken, Motive, Ideen

Aufnahmen von Norbert Zweipfennig
und André Khan

Callwey

Abbildung im Inhaltsverzeichnis
Fünfteiliges Collier, durch Ösen verbunden: Kupfer, Tombak oder Silber werden mit einem Rand über die Eisengrundform getrieben, geglüht und emailliert. Um die handwerkliche Arbeit noch wertvoller zu gestalten, kann das Collier anschließend poliert und galvanisch versilbert oder vergoldet werden.
Dreiteilige Eisenform von Heinrich Krentzfeld, zwei Teile sind doppelt verwendbar.

© 1991 by Georg D. W. Callwey GmbH & Co., München
Alle Rechte vorbehalten, auch die des auszugsweisen Abdruckes, der photomechanischen Wiedergabe und der Übersetzung
Schutzumschlaggestaltung Baur + Belli Design, München, unter Verwendung der Abb. 165
Satz Typo spezial, Ingrid Geithner, Erding
Lithos Karl Findl & Partners GmbH & Co. KG, Icking
Druck und Bindung Tien Wah Press (Pte.) Ltd, Singapur

CIP-Titelaufnahme der Deutschen Bibliothek
Gestalten mit Email: Techniken, Motive, Ideen/ Gertrud Rittmann-Fischer. Aufn. von Norbert Zweipfennig und André Khan. - ISBN 3-7667-1014-1
NE: Rittmann-Fischer, Gertrud: Zweipfennig, Norbert, Khan, André

INHALT

1   Freie Gestaltung von
Jenny Gore, Adelaide/
Australien. Anspruchsvolle
Misch-Technik: Schablo-
nen, Collage, Blattsilber,
Malen und Modellieren.
36×60 cm

VORWORT

Feueremail

Dieser Begriff der Kunstgeschichte, der auf eine jahrtausendealte Tradition zurückgeht, erlebt heute eine weltweite, künstlerische Renaissance. Eng verbunden mit der Emailkunst unserer Tage sind Namen wie Francesc Vilasis-Capelleja und Prof. André Vilasis (Spanien), Akiko Miura (Japan), Agi Vardi (Israel), Hedwig Luykx (Belgien), Prof. Ostermann (Argentinien), John Killmaster (USA), Josef Ammann (Schweiz), Michelé und Dominique Gilbert (Frankreich), Jenny Gore und Margret Warwick-Clark (Australien), Susanne Hoffmann (Österreich), Jaan Pärn und Epp Linnaks (Estland), Alexander Karich (UdSSR), Lioba Munz (Deutschland) und Endre Turi, Emailschule in Kecskemét (Ungarn). Sie stehen stellvertretend für viele tausend Emailschaffende in der ganzen Welt.

Ich hatte das große Glück, in diesen Ländern den genannten Künstlern zu begegnen und Einblick in die Ateliers und Werkstätten zu gewinnen. Während die einen durch ein Kunststudium zur souveränen Beherrschung der Materie, zur künstlerischen Vollendung und unverkennbaren Gestaltung gelangten, haben andere über die Freizeitbeschäftigung mit Email international Anerkennung als Künstler gefunden.

Meiner Meinung nach sind viele Menschen begabt, befähigt oder sogar begnadet und berufen, Emailwerke mit Hand, Herz und Geist zu gestalten. Das kann durchaus aus dem Hobbybereich erwachsen. In Werkschulen in Therapeuten- und Resozialisationsstätten existiert eine breite Basis in dieser Richtung.

In den 60er Jahren gab es eine stürmische Entwicklung bei der Beschäftigung mit Email; nie zuvor hatte es eine solche Blütezeit für Schmuckemail gegeben. Mehr als 600 000 Brennöfen wurden damals verkauft, und ein ganzer Betriebszweig zur Herstellung von Farben und Rohlingen hatte Hochkonjunktur. Leider wurde in dieser Zeit der Arbeit im kunsthandwerklichen Bereich nicht immer die notwendige Sachkunde zur Seite gestellt. Dennoch entdeckten viele Hobbyisten ihre Fähigkeit, durch Ausdauer, disziplinierte Arbeit und praktische Erfahrung zu beachtlichen Ergebnissen zu kommen. Viele konnten an internationalen Ausstellungen teilnehmen.

Heute leben wir in einer Zeit, die uns zu fortwährender Anpassung an eine sich schnell wandelnde Arbeits- und Umweltsituation zwingt. In einer Welt der Hektik brauchen wir zum Ausgleich eine Tätigkeit, die uns beim schöpferischen Tun in einen zeitlosen Raum entführt, in dem wir uneingeschränkt Freude erleben können. Am Emailofen spürt man die Tradition und hat trotzdem die Möglichkeit, durch die Vielfalt anzuwendender Techniken und Farben Formvorstellungen unserer Zeit zu verwirklichen. Gerade dieses Gleichgewicht zwischen Tradition und Moderne erhält uns die unvergängliche Freude am Emaillieren. Für den Anfänger wie für den Fortgeschrittenen bedeutet es immer wieder Spannung und Entspannung zugleich; denn kaum eine andere handwerkliche Tätigkeit läßt soviel Raum zum individuellen Gestalten. Durch Vorführungen und Lehrgänge in vielen Ländern und in den Seminaren meiner eigenen »Creativen-Schule« konnte ich von 1962 bis heute bei vielen Menschen den »Emailfunken« zünden, der auf Dauer Kunst aus dem Feuer schafft.

Die Ansprüche an qualitätsbewußte künstlerische Aussagen sind in den letzten Jahren enorm gestiegen. Dies fordert den Anfänger geradezu heraus, sich um werkgerechte Arbeit zu bemühen. Die in diesem Buch beschriebenen Emailtechniken lassen schon in der Übersicht erkennen, daß es sich hier um ein schier unerschöpfliches Schaffensgebiet handelt. Mir ist auch klar, daß es darüber hinaus noch eine Fülle anderer meisterlicher Gestaltungsmöglichkeiten gibt. Alle Beispiele sollen nur eins bewirken: jeden Emailschaffenden dazu anzuhalten, werk- und materialgerechte Stücke zu schaffen, die für die Zukunft Zeugnis von der Gestaltungsfähigkeit unserer Epoche ablegen. Jedes manuell geschaffene Werk ist ein Unikat, das man in seiner Einmaligkeit nicht noch einmal herstellen kann. Jedes Werk ist damit auch Ausdruck der Persönlichkeit seines Herstellers.

Greifen Sie also nach Werkzeug und Material, schalten Sie den Ofen ein und beginnen Sie mit Sorgfalt und Ernsthaftigkeit Ihre Werkstattarbeit! Unsere Zeit braucht kreative Menschen.

Gertrud Rittmann-Fischer

2 »Begegnung«, Skulptur von Rosel Bass, Tel Aviv/Israel. Kupferzuschnitte nach eigenem Entwurf, im Airbrush-Verfahren emailliert. Sockel Plexiglas.
15×40 cm

Alle in diesem Buch vorgestellten Techniken wurden von der Autorin neu erarbeitet. Die abgebildeten Arbeiten stammen, wenn in der Bildunterschrift nicht anders angegeben, gleichfalls alle von ihr.

3 Wandbild, aus Einzelsegmenten
zusammengesetzt. Streu-, Steg- und
Schablonen-Technik.
40×75 cm

Geschichtlicher Überblick

Emailtechniken waren bereits im alten Ägypten bekannt, und auch bei den Assyrern stand die Emailkunst in hohem Ansehen. Die ältesten Nachweise der Anwendung von Glasschmelzen kennen wir aus ägyptischen Königsgräbern. Zumeist finden wir dort Arbeiten aus Drahtemail und Blutemail, einer Sonderform des Grubenschmelz-Emails.

Während der gesamten Antike wurde die Emailkunst – vornehmlich vom Orient ausgehend – im östlichen Mittelmeerraum heimisch. Den Römern war bereits eine Technik bekannt, bei der Glas mit Email bemalt wurde. Eine Blütezeit erlebte diese Form der Emailkunst später im 12.–14. Jahrhundert. Als »Islamische Gläser« wurde sie in Mitteleuropa bekannt. Von Venedig ausgehend eroberte sie sich dann den gesamteuropäischen Raum.

In West- und Mitteleuropa erreichte die Emailkunst einen ersten Höhepunkt in der keltischen Zeit (1.–3. Jh.), in der besonders das Grubenschmelzverfahren angewandt wurde. In der byzantinischen Zeit (vor allem im 5. Jh.) wurden die bisher bekannten Techniken um das Cloisonné (Zellenschmelz-Technik) ergänzt. Überhaupt blieb das Byzantinische Reich in der Zeit bis zur Jahrtausendwende der Hort der Emailkunst.

Der Zellenschmelz fand besonders in der karolingischen Kunst Verwendung, jedoch in der byzantinischen Kunst des 10. Jahrhunderts geradezu meisterhafte Ausbildung. Eine Sonderform des Cloisonné wurde im 11. Jahrhundert in Rußland und den skandinavischen Ländern entwickelt, das Email de plique à jour, das sog. Fensteremail.

Während des frühen Mittelalters war das Rhein-Maas-Gebiet führend in der Kunst des Emails. Hier wurde besonders die Grubenschmelztechnik eingesetzt. Europäisches Zentrum während des gesamten Mittelalters war Limoges (Frankreich). Von dort stammen die schönsten und edelsten Stücke des Emailschaffens in Europa. Besonders die Kunst der Emailmalerei fasziniert noch heute durch ihre Vollkommenheit. Im 15. Jahrhundert erlebte Limoges seinen Höhepunkt.

Zur Zeit des Manierismus (etwa 1500–1600) erlangte Email nach einer Zeit des Niedergangs erneut große Bedeutung in der angewandten Kunst. In Verbindung mit Perlen, Gold und Edelsteinen entstanden erlesene Schmuckstücke.

Im 17. Jahrhundert kam in Frankreich die miniaturisierende Emailmalerei auf. Nach ihrem Ursprungsort wurde sie Blois-Email genannt. Später wurde Genf eines der Zentren dieser Spielart der Emailgestaltung, die besonders zur Auszier von Uhrgehäusen, Toilettenartikeln und liturgischem Gerät eingesetzt wurde. In England waren besonders Battersea und Birmingham von großer Bedeutung.

Eine Sonderform der Emailkunst war das sog. Glasemail, das in Frankreich und Deutschland während des 17. Jahrhunderts zur Anwendung kam: In einen Glasgrund wurde ein Motiv graviert, und in die Vertiefungen Blattgold eingebracht und anschließend gebrannt. Wegen der hohen Bruch- oder Schmelzgefahr der Gläser blieb diese Technik nicht lange in Gebrauch.

Um die Mitte des 18. Jahrhunderts schwand das Interesse für das Email, um jedoch bereits im 19. Jahrhundert eine Wiederbelebung zu erfahren. Nach dem Zweiten Weltkrieg eroberte sich das Email den Freizeitbereich mit der Folge einer stürmischen Breitenwirkung. Daneben kam es weltweit zu außergewöhnlichen künstlerischen Neuentwicklungen, und besonders in Japan, Spanien und Nordamerika sowie in Deutschland entstanden Zentren der Emailkunst.

Karlheinz Pelzer

4 Nach alter Tradition in China gearbeitetes Cloisonné-Ei, mattgeschliffen, dann nochmals glanzgebrannt. ∅ 4 cm, Höhe 6 cm

5 Nachbildung der ungarischen Krone (Ausschnitt) in Treib- und Cloisonné-Technik von Laszlo Gulajas, Kecskemét, Ungarn
20×20 cm

BERATUNG

Erstausstattung

Für den Anfänger auf dem weiten Feld der Emailtechniken reicht eine einfache Grundausstattung an Werkzeugen und Farben. Dazu gehören neben dem unbedingt erforderlichen Elektrobrennofen

- Brennunterlage aus Schamotte oder Eternit
- Brennroste oder Brennbleche
- Gegenemailständer (verschiedene Größen)
- Brennschaufel und Brennzange
- Ziehhaken
- Streusiebe (fein-, mittel- und grobmaschig)
- Röhrensieb für besondere Effekte (feinmaschig)
- Stegpinzette
- Emailspatel
- Pinsel
- Karborundfeilen (in verschiedenen Körnungen)
- Schleifblock
- Haftmittel
- Kettenzange
- Juwelierschere
- Emailgrundfarben (opak, transparent und opalisierend)
- Faden-, Kugel- und Splitteremail

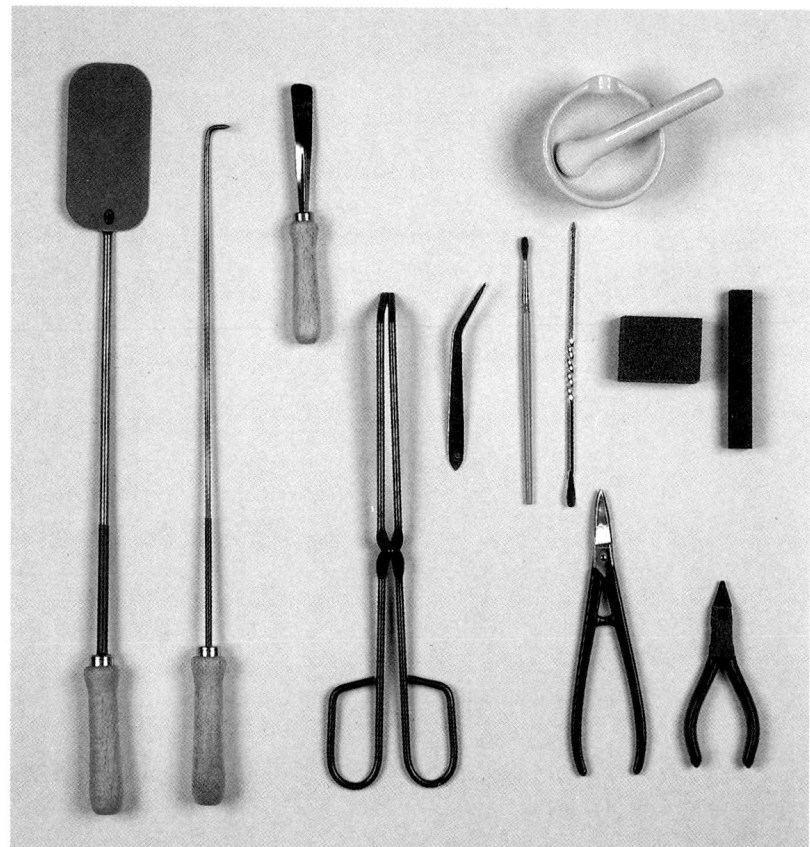

Brennöfen

Email ist eine Kunst, die aus dem Feuer kommt. Darum ist der Brennofen das Wichtigste. Der Fachhandel bietet verschiedene Typen in hervorragender Qualität an. Wenn Sie die wenigen, aber wichtigen Gebrauchshinweise der Hersteller beachten, werden Sie auch bei hoher Beanspruchung über Jahrzehnte Freude an Ihrem Ofen haben.

Meine langjährige Erfahrung bei Verkäuferschulungen hat mich erkennen lassen, daß jemand, der einmal ernsthaft mit Emaillieren begonnen hat, nur selten wieder davon loskommt. Zu Anfang ist man bei der Herstellung kleiner Werkstücke begeistert. Mit zunehmender Beherrschung der Materie folgt der Wunsch, auch größere Stücke emaillieren zu können. Schade, wenn dann der Brennraum zu klein ist. Beachten Sie deshalb beim Kauf in jedem Fall die Größe des Nutzraumes.

Mein Vorschlag: Kaufen Sie sich den größten Ofen, den Sie sich kostenmäßig leisten können. Es sollte zumindest ein Ofen mit mittlerem Nutzraum sein.

◁ 6 Werkzeuge (von links oben nach rechts unten): Brennschaufel, Ziehstab, Emailspatel, Brennzange, Stegpinzette, Pinsel, Emailspatel, Pistill und Mörserschale, Schleifblock, Karborundfeile, Juwelierschere, Kettenzange.

◁ 7 Kleiner Brennofen. Maximale Arbeitstemperatur ca. 1050° C. Anschlußwert 220 V, 1200 W, 6 A. Nutzraum 135×85×150 mm.

△ 8 Efco-Großraumofen mit vollbeheizter Muffel im Brennbereich von 400° C bis 1000° C. Großes Temperatur-Meßgerät, eingebauter Temperaturregler mit Kontrollampe, Arbeitsplatte und keramische Brenneinsätze. Anschlußwert 220 V, 3000 W, 16 A. Nutzraum 225×185×340 mm

△ 9 Efco-Werkstattofen mit besonders tiefer Muffel im Brennbereich bis 1000° C. Mit Schwenktür, Sichtfenster, eingebautem Regler, Temperatur-Meßgerät, Kontrollampe und keramischer Einsatzplatte. Anschlußwert 220 V, 2000 W, 10 A. Nutzraum 180×110×340 mm

◁ 10 Das Einbringen des Brenngutes in den Ofen.

Die gut isolierten Elektroöfen haben in der Regel voll-beheizte Muffeln. Sie erreichen nach 45 bis 60 Minuten eine konstante Temperatur, die bei kleinen Öfen um 950° C liegt. Große Öfen, die ohne Kraftstrom an die Lichtleitung angeschlossen werden können, erreichen 1200° C.

Die Größe des Brennraumes bewegt sich von 110 × 65 × 120 mm (B/H/T) bei 900 Watt bis zu 300 × 180 × 300 mm bei 3400 Watt.

Darüber hinaus gibt es größere Öfen, die aber nur selten verwendet werden. Sicher sind die Herstellerfirmen bereit, Ihnen Fachfragen zu beantworten. Nach meiner Erfahrung haben sich Efco-Öfen besonders bewährt.

Temperatur-Meßgeräte

Um die Temperatur im Brennraum zu kontrollieren, stehen verschiedene Meßgeräte zur Verfügung:

Der *Temperaturregler.* Er steuert die Stromzufuhr selbsttätig und bewirkt je nach Einstellung eine konstante Brenntemperatur.

Ein *Skalenthermometer (Temperatur-Meßgerät).* Auf einer Skala können die Werte zwischen 20° C und 1200° C abgelesen werden. Das Gerät ist mit einem Temperaturfühler verbunden, der ohne zusätzliche Montage in die meisten Brennöfen von der Rückseite her eingeführt werden kann.

Die genaueste Temperatureinstellung erreicht man mit Meßgeräten mit digitaler Anzeige. Diese Geräte messen und regeln automatisch die Temperatur im eingestellten Bereich. Die Ist-Temperatur kann jederzeit abgelesen werden. Für viele Arbeitstechniken – wie sehr anspruchsvolle Emailarbeiten, das Brennen und Glasieren von Keramiken sowie das Einbrennen von Glas- und Porzellanmalerei, durchgeführt in Emailöfen – sind solche Meßgeräte erforderlich, um die notwendigen Brennvorgänge materialgerecht steuern zu können.

Brenntabelle

Wenn kein Temperatur-Meßgerät vorhanden ist, gelten folgende Faustregeln:

Schwaches Rot

zeigt Temperaturen zwischen 600° C und 700° C an. In diesem Temperaturbereich werden Kupfer- und Silberrohlinge sowie Draht ausgeglüht.

Dunkelrot

zeigt Temperaturen zwischen 700° C und 800° C an. Bei dieser Temperatur schmelzen weiche Emails. Man wählt diesen Bereich zum Einbrennen von Gold- und Silberfolien und bei Unter- und Oberglasurmalerei.

Kirschrot

zeigt den Temperaturbereich zwischen 800° C und 850° C an. Bei einer Brenndauer von 2 bis 3 Minuten schmelzen hier die meisten Emails.

Hellrot

zeigt die Höchsttemperatur (850° C bis 950° C, max. 1200° C) für harte Emails sowie Über- und Durchbrenn-Techniken an.

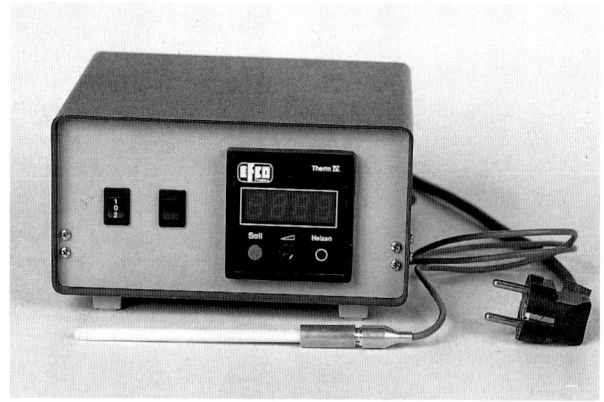

11 Meßgerät mit digitaler Anzeige.

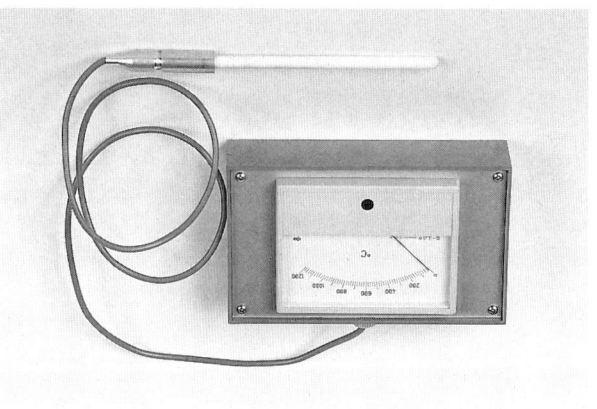

12 Skalenthermometer.

13 Temperaturregler.

14 Werkzeuge (von links oben nach rechts unten): Permanentstift, Pinsel, Holzspatel, Messingbürste, Metalldrückwerkzeuge, Radierfederhalter, Reißnadel, Feilensatz, Keramikstäbe, Körner, Metallsäge, Metallschere, Handgraviergerät, Sauger, V-Block, Gummihammer, Goldschmiedesäge. ▷

15 Arbeitsmaterial (von links oben nach rechts unten): Zwei Brennsiebe, verschiedene Gegenemailständer, Emailspatel, Schälchen für Naßauftrag, Emailstreusieb, Kugelemail, Keramikstäbe, Haftmittel, Dekorsieb, Glasbürste, Fadenemail, Emailpulver. ▷

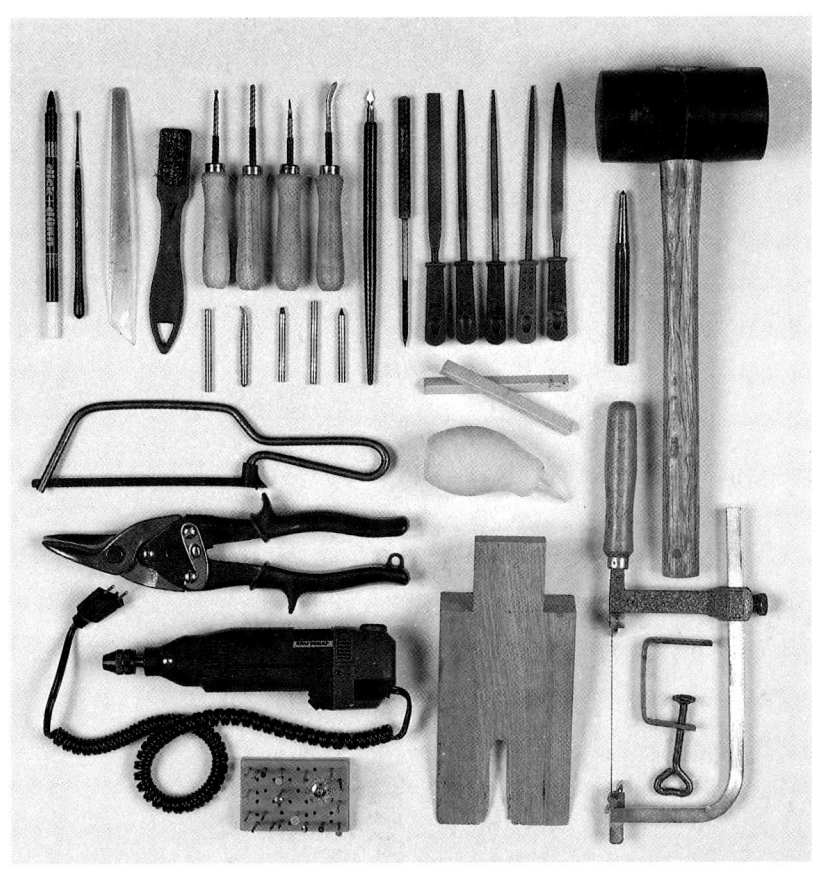

WERKZEUGE

Werkzeuge zum Emaillieren

Alle grundlegenden Arbeitshilfen finden Sie im ersten Abschnitt des Kapitels »Beratung« aufgeführt. Daneben gibt es noch folgende Werkzeuge:

Werkzeuge zum Formen und Hämmern

Hierzu benötigen Sie:
- Treibhammer
- Holz- und Gummihammer
- Metallschere
- Ein Sortiment Feilen
- Einen Holzblock mit verschiedenen Vertiefungen und Größen.

Werkzeuge zum Ätzen

Diese sind:
- Asphaltlack
- Pinsel
- Radiernadel
- Eine säurebeständige Ätzwanne
- Säurezange
- Eisen-III-Chlorid
- Salpetersäure (65 %)
- Terpentin-Öl
- Stahlwolle.

Werkzeuge für Goldschmiedearbeiten beim Emaillieren

Für Goldschmiedearbeiten zum Emaillieren sollten Sie folgende Geräte besitzen:
- Juweliersäge
- V-Block mit Zwinge
- Reißnadel
- Handgraviergerät
- Poliermaschine
- Polierrot

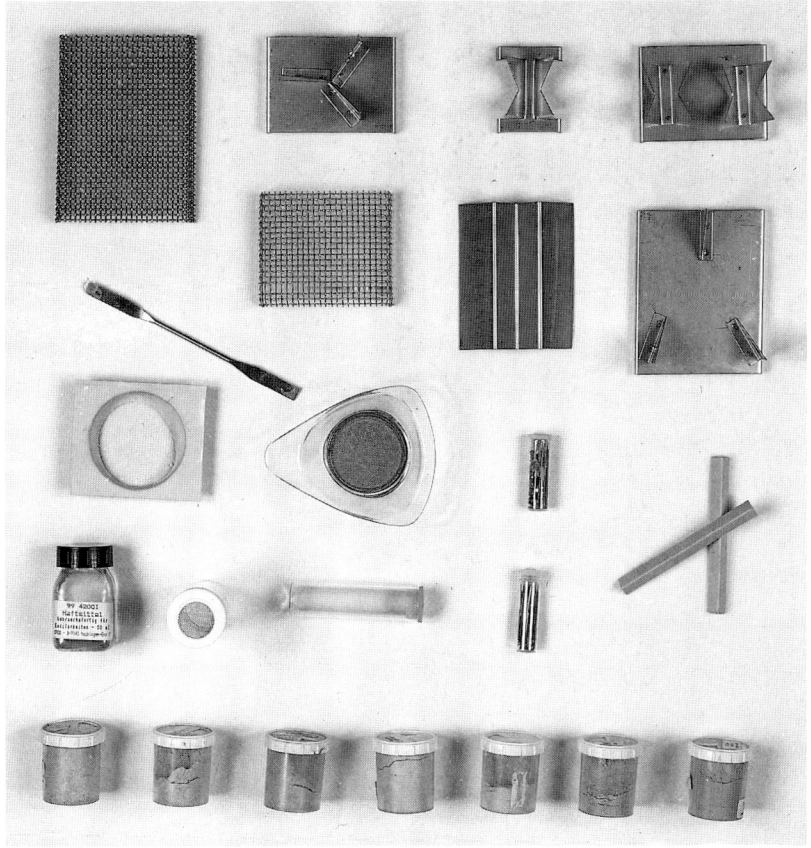

EMAILFARBEN

Den Emailschaffenden steht eine breite Farbskala zur Verfügung. Herstellerfirmen wie Schauer – Österreich, Thompson – USA, Limoges – Frankreich, Miura – Japan bieten brauchbare bis unübertroffene, gute und brillante Qualitätsemailfarben an. Auf dem Markt hinzugekommen sind Kecskemét-Efco-Emailkünstlerfarben, die in einer anspruchsvollen Werkstatt nicht fehlen sollten. Industriefarben, die zur Schmuckoberflächengestaltung verwendet werden, kommen ebenfalls aus diesem Emailstudio.

Die Herstellungsrezepturen im einzelnen zu analysieren, würde hier zu weit führen. Interessierte Leser finden dazu in der Fachliteratur die gesuchten Angaben.* Für den Anfänger ist es sicher interessant, einiges über die Grundherstellung von Email zu erfahren. Email ist eine organische Substanz, die aus der Erde und ihren Gesteinen gewonnen wird. Insbesondere gehören Quarz, Kieselsäure, Natrium und Bleiverbindungen sowie Schwefelkarbonat zu ihren Bestandteilen. Diese Mischung ergibt beim Schmelzen einen hellen, klaren Glasfluß, Fondant genannt. Wenn man dieser Grundmasse Metalloxide (= Farbpigmente) beigibt, erhält man eine Vielfalt von Farbstufen.

Sobald das Email aus dem Schmelzofen kommt, ist es eine hochglühende, rotflüssige Masse. Sie wird in einen Tiegel gegossen und erstarrt dort zu einem fladenartigen Körper. Diese Emailfladen werden nun in Granulate zerkleinert oder gemahlen. In vielen Werkstätten werden die Granulate in einem Mörser pulverisiert. So erhält man die gewünschte Körnung zwischen grob und sehr fein, je nachdem, wie man sie bei den verschiedenen Techniken braucht.

Im Handel bekommt man Emailpulver in Packungen von je 50 g an. Für Anfänger sind die kleinen Gebinde ausreichend. Der Fortgeschrittene und der Emailkünstler sollten sich jedoch größere Mengen lagern. Erstens ist es preiswerter (50 g kosten z.Zt. etwa DM 5,–, 500 g hingegen nur DM 30,–). Zudem kann man bei Nachbestellungen häufig Pigmentunterschiede im Vergleich mit der Erstlieferung feststellen.

---

* Auch im Literaturverzeichnis, mit Stern angemerkt.

16 Emailfarben in Klarsichtdosen mit Farbmuster-Platinen und Brennwertangabe.

Opak-Emails

Opakfarben sind in ihrer Wiedergabe klar, undurchsichtig, deckend. Sämtliche Farbabstufungen, die in unserem Farbensinn vorstellbar sind, sind praktisch einsetzbar. Eine große Hilfe bei der Farbgebung eines Emailwerkes können spezielle Lehrbücher zur Farbentheorie und -praxis sein.[11-13]

Bei hoher Ofentemperatur und etwa fünf Minuten Überbrand gibt es bei Opak-Emails beachtliche Farbveränderungen, Zellenbildung, dunkle Randzonen, ja sogar opalisierende bis transparente Oberflächen.

Einige Beispiele dazu:
– Weiß – Elfenbein – Zitronengelb und Rosé (weich) schlagen wegen des niedrigen Schmelzpunktes in Grün um.
– Lindgrün – Dunkeltürkis – Silbergrau – Fliederrosé (weich) werden bei hoher Temperatur opalisierend.

Es ist immer ein Experiment wert, auch andere Emailfarben zu erproben.

Transparent-Emails

Transparent-Emails sind mit Edelsteinen vergleichbar. Die Farbe ist lichtdurchlässig, hat einen wunderschönen Lichtbruch, ähnlich dem Kristallglas, und wirft Licht und Schatten. Der Metallgrund – ob Kupfer, Silber oder Gold – ist in seiner Farbe erkennbar.

Transparent-Email ist für einfarbige und mehrfarbige Flächengestaltung geeignet. Ebenso gerne wird es bei der Anwendung für punzierte, ziselierte Metallflächen und für Werkstücke mit Hammerschlag genommen. Besonders häufig verwendet man es für geätzte Metalluntergründe. Die Durchsichtigkeit bringt die angewandten Techniken voll zur Geltung. Darum sind transparente Emails in der Emailwerkstatt unentbehrlich.

Opal-Emails

Das Angebot ist bei dieser Emailsorte nicht so umfangreich wie bei den anderen Schmuckemails. Trotzdem sollten die Opal-Farben in keiner Werkstatt fehlen. Sie sind halbdurchsichtig und legen sich wie ein Schleier in Regenbogenfarben über die Metalloberfläche. Wie der Name Opal sagt, ist der schillernde Glanz ihr Charakteristikum. Opal-Email eignet sich auch für geätzte Metallflächen. Mit nur einem Farbauftrag erzielen Sie eine dezente und ansprechende Emailarbeit.

Industrie-Emails

Dieses Email hat nicht den Hochglanz wie die vorgenannten Sorten. Es findet aber immer häufiger Verwendung in den modernen Werkstätten. Lange Zeit diente es als Schutzüberzug für rostende Metalle. Heute hat es durchaus einen hohen Gestaltungswert für Eisenbleche und Kupfer. Die Anwendung ist meines Erachtens nach bei folgenden Techniken besonders zu empfehlen:
– Airbrush-Verfahren
– Tauchverfahren
– Gießverfahren
– Naßauftrag mit dem Pinsel.

Industrie-Email haftet auf dem Metallträger weitaus besser als Schmuckemail und bietet dadurch zusätzlich zu den genannten Techniken für Sgraffito- und Schablonenarbeiten ein besonders einfaches Arbeitsverfahren an.

17 Selbstgetriebene Vase aus Silber von Akiko Miura, Japan. Motive mit Silberband aufemailliert.
⌀ 18 cm, Höhe 22 cm

FARBWERTE

Schmelzpunkte

Temperaturwerte von Schmuckemail

Härtegrade	Abkürzung	Brennintervalle in ° C		
opake Emails		Minimum	Mittel	Maximum
sehr weich	sw	750	800	850
weich	w	780	815	850
mittel	m	800	825	850
hart	h	820	850	880
sehr hart	sh	850	875	900
transparente und opalisierende Emails				
sehr weich	sw	720	810	900
weich	w	800	850	900
mittel	m	840	870	900
hart	h	860	880	900
sehr hart	sh	880	900	920

Faustregel für Brennzeiten

Allgemein kann gesagt werden, daß die Brenndauer etwa zwischen einer und fünf Minuten liegt.

Malemail: sehr weich, Brennintervall ca. 650° C
Brenndauer 45 bis 60 Sekunden

Malgold und Platin: sehr weich, Brennintervall ca. 600° C bis 700° C
Brenndauer ca. 45 Sekunden

Einbrennbare Schiebebilder und Transfer-Email: sehr weich, Brennintervall 550° C bis 650° C
Brenndauer ca. 45 Sekunden

18 »Dokumentation«, Emailbild von Alexander Karich Jroslavl, UdSSR. Sgraffito-Technik und Naßauftrag. 20×53 cm

Verwendung der Schmuckemails nach Härtegraden

Die Härtegrade *weich* und *sehr weich* sind vorzugsweise geeignet für:
– Emaillieren auf Feingold, legiertes Gold, Feinsilber und legiertes Silber
– Unterschmelz für Gold- oder Silberstruktur-Aufbrände
– Zum Überziehen von Blattgold und Blattsilber auf voremailliertem Untergrund
– Bei Zellenschmelzarbeiten, wenn Feinsilberdraht verwendet wird
– Als Aufglasur zum Überfangen gemalter Motive
– Für Durchbrennarbeiten
– Für Ablauf-Technik.

Für die Härtegrade *mittel*, *hart* und *sehr hart* sind bis zur Ausschmelzung höhere Brenntemperaturen erforderlich. Emails dieser Härtegrade sind nicht so empfindlich und deshalb für folgende Arbeiten geeignet:
– Gebrauchsgegenstände (Vasen, Aschenbecher, Kerzenhalter, Schalen, Türknaufschmuckplatten)
– Schmuckplatten, die der Witterung ausgesetzt sind (z. B. Namensschilder)
– Modeschmuck; Emailarbeiten, deren Oberfläche mittels Karborund-Schleiffeile mattiert werden soll
– Als Untergrund für Schablonierarbeiten, Sgraffitoarbeiten, Siebdruckarbeiten, Zellenschmelzemail u. a.
– Bei Emailarbeiten, die mehrmals, ohne Schaden zu nehmen, gebrannt werden müssen.

Ausschlämmen

Mein Vorschlag: Wenn Emailgranulate gemahlen werden, entstehen Staub und Mehl. Beide trüben die Farben. Brillanz ist jedoch das Schönste bei transparenten Emailfarben. Damit sie vollkommen klar und durchsichtig werden, werden die Emailpulver ausgewaschen. Das gilt sowohl für gekaufte wie im Mörser selbst aufbereitete Farben.

Um 125 g Email auszuschlämmen, braucht man etwa einen halben Liter Wasser. Am besten nehmen Sie ein Wasserglas, um den Vorgang beobachten zu können. Rühren Sie das Email mit einem Spatel oder Löffel behutsam um und lassen Sie es dann zwei bis drei Minuten stehen, bis das Email sich abgesetzt hat! Das darüberstehende, milchigfarbige Wasser wird abgegossen. Wiederholen Sie diesen Vorgang so oft, bis das Wasser über dem Email klar im Glase steht! Um ganz sicher zu sein, den höchstmöglichen Lichtbruch wie bei Kristallglas zu erzielen, sollten Sie beim letzten Ausschlämmen destilliertes Wasser verwenden. So vermeiden Sie eventuelle Kalkrückstände aus dem Leitungswasser.

Das gereinigte, nasse Email wird auf einer Aluminiumfolie im Backofen getrocknet und dann in einem Glasbehälter mit Schraubdeckel aufbewahrt. Es ist ratsam, jedes Glas mit der Farbnummer, der Bezeichnung opak, transparent oder opalisierend zu beschriften und zusätzlich mit einem Farbmuster zu versehen.

Machen Sie einmal einen Vergleichsbrand mit ungewaschenen und gewaschenen Emails! Sie werden vom Unterschied überrascht sein.

19 Hausschild, Ausführung in Stegemail, Buchstaben gesondert emailliert und aufgebrannt.
⌀ 21 cm

20 Ausschlämmen von Email. ▷

METALLE

Für Schmuckemail eignen sich besonders weichgeglühte Metalle wie Kupfer, Tombak, Silber und Gold.

Kupfer

Reines Elektrolytkupfer wird am meisten zum Emaillieren verwendet. Es ist preiswert und läßt sich leicht formen und treiben. Mit der Metallschere kann man mühelos Segmente ausschneiden. Für Goldschmiedearbeiten läßt sich weichgeglühtes Kupfer leicht sägen. Kupfer eignet sich auch hervorragend zum Ätzen und als Emailträger für Gold- und Silberfolien.

Kupferformen (Rohlinge) und Kupferbleche bekommt man in allen Größen und Stärken im Fachhandel. Sämtliche Kupferteile sind bereits *vorgeglüht* und können nach sorgfältigem Reinigen emailliert werden.

Wenn Sie diese Kupferformen verzieren wollen – sei es durch Hämmern, Prägen, Punzieren oder gar Verformen –, tritt eine Metallverfestigung ein. Nur durch Nachglühen bei 500° C bis 600° C in ca. zwei Minuten erhält das Kupfer wieder seinen weichen, emaillierbaren Zustand.

Achten Sie bitte auf die Glühdauer und die Farbe des Werkstücks. Es darf auf keinen Fall hellglühend werden, sonst kommt es zu einer starken Zunderbildung. Diese bedingt dann eine zeitaufwendige Reinigungsprozedur.

Email–Tombak

Tombak hat dem Kupfer gegenüber den Vorteil, daß es durch eine Zinnlegierung eine hellere Farbe hat und so die aufgeschmolzenen Emails leuchtender zur Geltung kommen läßt. Der Schmelzbereich liegt bei ca. 1020° C, so daß sich kaum Probleme beim Aufschmelzen von Email ergeben.

Silber

Feinsilber 1000 und Sterling-Silber 935 eignen sich sehr gut zum Emaillieren. Silber oxidiert nicht, und so entsteht kein Zunder. Die helle Farbe des Silbers hat den Vorteil, daß transparente Emails eine viel höhere Leuchtkraft haben als auf Kupfergrund.

Achten Sie bitte besonders auf den Schmelzpunkt (s. Schmelztabelle), denn Silber hat den anderen Metallen gegenüber den größten Ausdehnungskoeffizienten. Dadurch entstehen Spannungen beim Schmelzvorgang. Die Größenveränderung beim Wärmewechsel ist bei Silber viel größer als bei Email. Die Folgen davon sind Haarrisse oder Sprünge im Email. Das richtige Silber, die genaue Beachtung des Schmelzpunktes und die Anwendung von Gegenemail schalten jedoch die unerwünschten Begleiterscheinungen weitgehend aus.

Gold

Gold ist das edelste Metall zum Emaillieren. Seine eigene warme Farbe gibt allen Emails eine unübertroffene Brillanz. Für den Emailauftrag kommen nur ausgeschlämmte Farben in Frage. 24karätiges 900/000 bzw. 18karätiges 750/000 Gold eignen sich am besten.

Gold hat einen hohen Schmelzpunkt. Dadurch ist die Haftung des Emails höher als bei Silber, und die Anwendung ist einfacher. Trotzdem wird es wegen seines hohen Preises fast nur in der Goldschmiedekunst in reiner Form verwendet. Ein kleines, selbstgestaltetes Schmuckstück aus Gold und Email ist eine Kostbarkeit.

Eisenblech (Stahlblech)

Eisenblech wird in Emailwerkstätten selten verwendet, obwohl es billiger als die anderen Metalle ist. Im Fachhandel bekommen Sie Eisenblech in verschiedenen Abmessungen zu kaufen. Die Stücke sind bereits mit weißem oder schwarzem Industrie-Email beschichtet. Sie eignen sich gut zur Weitergestaltung mit Industrie- oder Schmuckemail.

21 Ring aus Gold, handgearbeitet, graviert, mit kobaltblauem Email.

Schmelzpunkte der Metalle

Metall	Schmelzpunkt in ° C
Kupfer	1083
Email-Tombak	1020
Legierte Goldbleche	
333/1000*	950
585/1000	980
750/1000	1040
Feingold	1063
Legierte Silberbleche	
835/1000*	835
925/1000*	880
935/1000	925
1000/1000	961

* Für Emaillierarbeiten nicht empfehlenswert

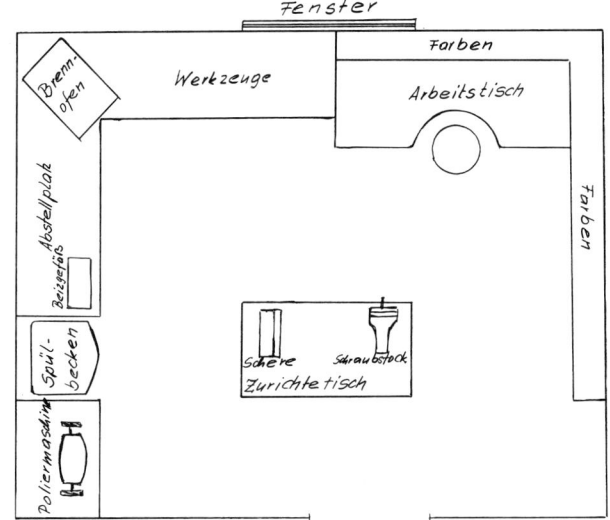

22 Skizze eines Arbeitsplatzes.

23 Entwurf von Broschenformen. Die gestrichelten Linien geben die Form für das Biegen der Stegdrähte an.

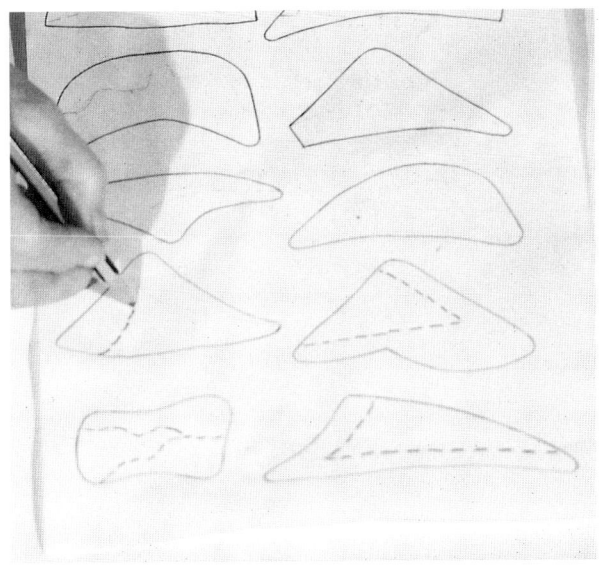

24 Farbmuster für Transparent-Email.
Untergründe Kupfer, Fondant, Blattsilber, Weiß.

DIE SIEBEN GRUNDREGELN

Der Arbeitsplatz

Wenn Sie einen Werkraum einrichten, ist die zweckmäßige Aufteilung des Raumes entsprechend den Funktionen und Arbeitsvorgängen sehr wichtig. Arbeitsplatz und Brennplatz sollten in jedem Fall getrennt sein, Werkzeuge und Emailfarben immer in Griffweite bereitliegen. Es ist vorteilhaft, wenn Sie im Fensterbereich bei Tageslicht arbeiten. Ansonsten ist eine gute, drehbare Arbeitslampe zu empfehlen. Wenn Sie Ätz- und Schleifarbeiten durchführen, sollte Ihr Arbeitsraum ein Waschbecken haben.

Planen und Skizzieren

In einer guten Werkstatt sind Skizzenbuch und Schreibblock immer präsent. Wer mit Email schafft, schätzt sie als unentbehrliche Hilfsmittel, um Erlebtes und Reflektiertes künstlerisch zu thematisieren. Eine schnell hingeworfene Gedankenskizze bewahrt die Grundidee des Ereignisses für die spätere Umsetzung in Email auf.

Mein Vorschlag: Es ist vorteilhaft, vor jeder Emailarbeit einen Entwurf zu machen, Motiv und Farbgebung festzulegen. Der Schreibblock dient dabei als Werkbuch. Hier werden alle Erfahrungswerte, die in der Ausführung einer Arbeit gemacht werden, festgehalten: eine gelungene Farbkomposition, Fehlerquellen, Zufallsergebnisse, Arbeitsvorgänge ... Dieses Werkbuch ist für spätere Arbeiten eine unersetzliche Hilfe.

Farbproben

Bevor mit der eigentlichen Emailarbeit begonnen werden kann, sind Farbproben durchzuführen. Dazu brauchen wir eine gereinigte Kupferplatte. Von jeder vorgesehenen Farbe wird ein Streifen im Naßauftrag angelegt, dann wird gebrannt. Da sich die meisten Farben beim Brennen verändern, kann man erst nach dem Abkühlen erkennen, ob man die richtige Farbwahl getroffen hat. Durch diesen Farbtest ersparen Sie sich zum einen Enttäuschungen, zum anderen dienen die Probestücke für alle weiteren Arbeiten als wertvolles Anschauungsmaterial.

Farbkarte

Emailfarben werden in Gläsern verwahrt, wo sie jedoch ganz anders aussehen als nach dem Brand. So haben z. B. Fondant, Rubinrot und Hellgrau in Pulverform eine weißliche Farbgebung. Damit es nicht zu Verwechslungen kommt, sollte auf jedem Glas ein Farbmuster zu finden sein. Der sicherste Weg, um Enttäuschungen und Überraschungen auszuschließen, ist das Anlegen einer Farbkarte.

Mein Vorschlag: Für jede Farbe nehmen wir zwei kleine, flache Kupferplättchen, reinigen sie mit dem Schmirgelblock oder kurz im Säurebad. Zum Neutralisieren werden sie abgewaschen und getrocknet. Die Emailfarbe wird nun mit dem Streusieb sorgfältig und gleichmäßig auf die Kupferstücke aufgetragen und anschließend gebrannt. Dabei sind die angegebenen Brennwerte (s. S. 16) zu beachten (weich – mittel – hart). Wenn Sie die notwendigen Brennintervalle einhalten, erzielen Sie die bestmögliche Farbqualität.

Das so gewonnene *erste Farbmuster* kleben Sie auf den Emailbehälter und beschriften es, etwa so: Blau transparent, weich, 800° – 850° C.

Das *zweite Farbmuster* wird auf die *Farbkarte* geklebt und mit den gleichen Angaben versehen. Dazu nehmen Sie am besten einen weißen Plakatkarton oder eine Spanplatte und kleben die einzelnen Farbmuster nach Farben und Emailtypen geordnet auf.

Ein *drittes Farbmuster* entsteht so: Auf eine weitere voremaillierte Musterplatine wird Blattsilber bei max. 850° C aufgebrannt. Darüber wird Transparent-Email entweder im Naßauftrag oder im Streuverfahren aufgetragen. Anschließend brennen Sie erneut bei gleicher Temperatur.

Die letzte Arbeit ist sehr zeitaufwendig, da eine Musterplatine drei Arbeitsgänge und drei Brennvorgänge erfordert. Ich messe diesem Farbmusterbrennen gleichermaßen große Bedeutung bei, für Anfänger wie für Fortgeschrittene. Und dies nicht nur, weil beim Farbwechsel nach dem Brand so etwas wie ein Erkenntnisprozeß einsetzt, sondern weil eine umfangreiche Farbkarte einfach das Auge erfreut. In der Hauptsache ist ihre Herstellung eine (Vor)Übung für den Farbauftrag und den Brennvorgang; sie bietet zugleich die Möglichkeit, auf frühere Erfahrungen zurückgreifen zu können.

25 Transparente Email-Farbmuster.

26 Opake Email-Farbmuster.

27 Kecskemét-Efco-Email-Künstlerfarben.

Reinigung der Metalle

Glas und Metall verbinden sich im Email zu einer neuen Einheit, zwei grundverschiedene Materialien werden zusammengeschmolzen. Dieser Vorgang fasziniert und begeistert immer aufs neue.

Das Zusammenschmelzen setzt allerdings voraus, daß das Metall, ob Silber, Gold, Kupfer oder Tombak, metallisch rein ist. Es muß also vor dem Brand gereinigt werden, wenn das Werk gelingen soll.

Vorteilhafterweise reinigen Sie die Metalle am Waschbecken. Sie können zwischen drei verschiedenen Verfahren wählen:
- Sie schmirgeln das Metall mit einem Schmirgelblock sauber. Solche Blöcke gibt es in verschiedenen Körnungen
- Sie reinigen das Metall in einer selbsthergestellten Beize (eine Essig-Salz-Lösung)
- Oder mit verdünnter Salpetersäure im Mischungsverhältnis 1 Teil Säure : 8 Teile Wasser.

Beize oder Säurebad haben den Vorteil, daß man bei transparenten Emails keine Schleifspuren sieht. Nach dem Reinigen werden die Kupferteile unter Wasser gut abgewaschen. Kleinste Spuren von Reinigungsrückständen, aber auch Seife, Handcreme oder Fett verursachen Brennfehler im Email.

Beachten der Brennintervalle

Die Verschmelzung von Metall und Email beginnt bei etwa 700° C. Sie erkennen jedoch beim Zusehen verschiedene Oberflächenstrukturen. Während eine Schmelze beinahe glatt ist und glänzt, ist eine andere noch matt und uneben. Daran erkennt man, daß verschiedene Emails verschiedene Schmelzpunkte haben. Wir müssen also unbedingt darauf achten, daß für jede Farbe die richtige Temperatur und Brenndauer gewählt wird. Folgender Merksatz ist hilfreich:

*Wenn die gebrannte Emailschicht **glänzt**, **glüht** und **glatt** ist, ist der Brennvorgang beendet.*

Säuren

Vorsicht beim Umgang mit Säuren

- Tragen Sie beim Umgang mit Beizen, Salpeter oder Schwefelsäure immer *Schutzhandschuhe* und benutzen Sie die erforderlichen *Säurezangen*
- Beim Verdünnen von Säure: Immer Säure ins Wasser gießen: Niemals umgekehrt, denn sonst entstehen gesundheitsschädliche Dämpfe
- Benutzen Sie für Säure *nur säurebeständige Behälter!*

28 »Elstern«, gestaltet von Burkhard Fischer. Streu- und Schablonen-Technik, Naßauftrag, Stegemail und Mal-Technik.
27×43 cm

DIE EMAILTECHNIKEN
IM ÜBERBLICK

(Abbildungen 29-79)

Streu-Technik, Seite 28

Fadenemail, Seite 31

Kugelemail, Seite 31

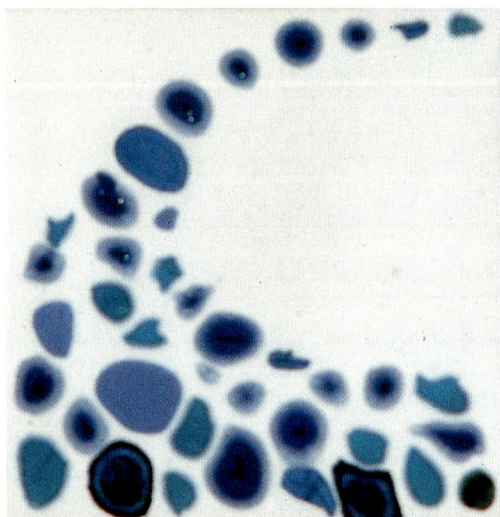

Splitteremail, Seite 31

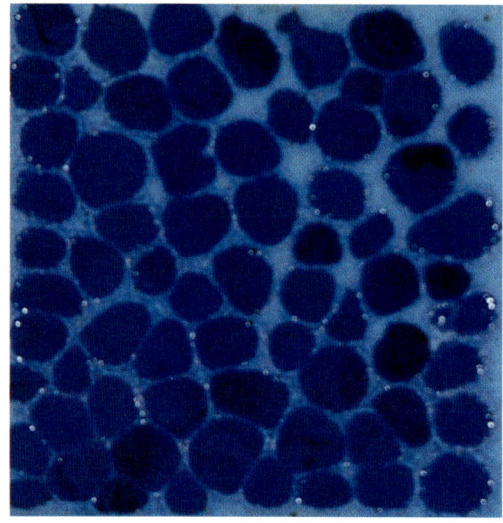

Mattemail, Seite 31

Naßauftrag, Seite 36

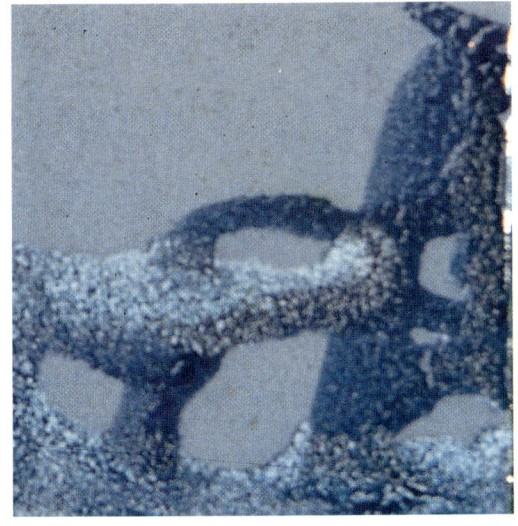

Haftmittel-Technik, Seite 36

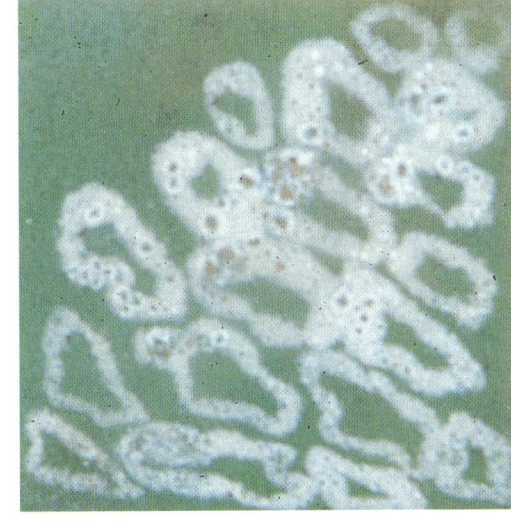

Glyzerin-Technik, Seite 38

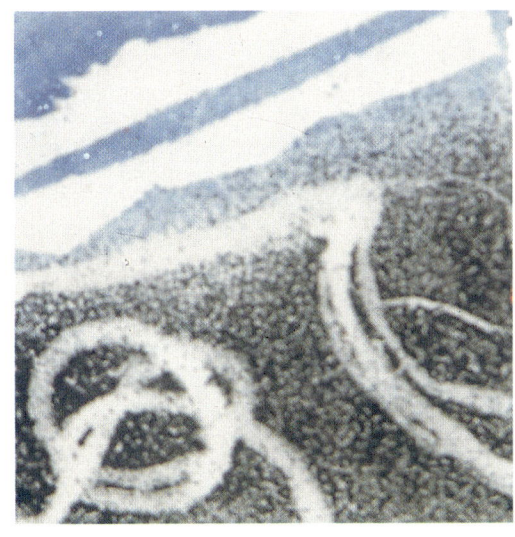

Kordel und Klebeband, Seite 38

Bombé, Seite 41

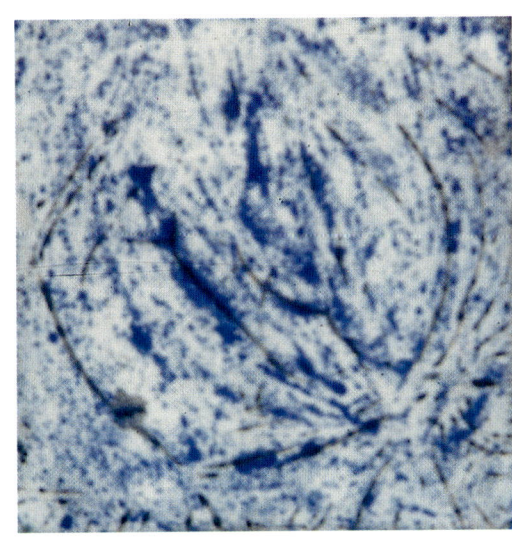

Craquelé, Seite 42

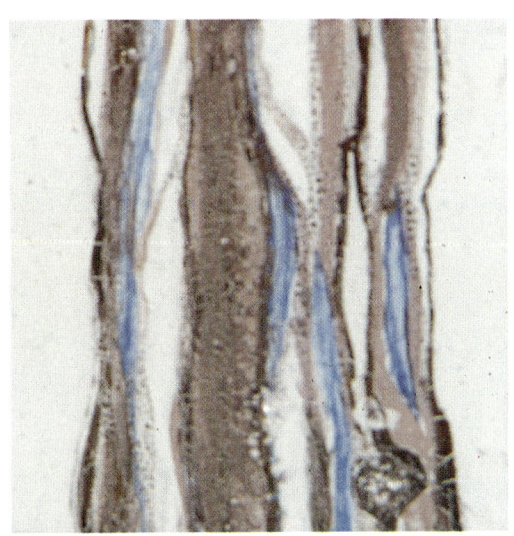

Metallüster, Seite 43

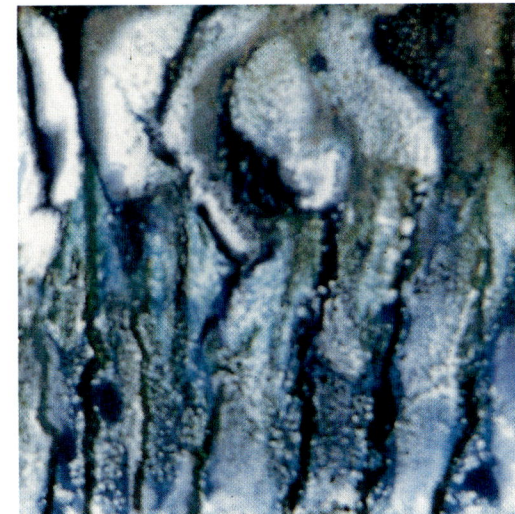

Ablauf-Technik, Seite 44

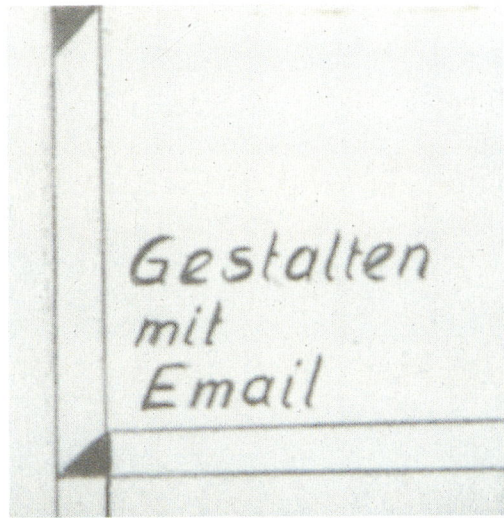

Graphit-Technik, Seite 46

Durchbrenn-Technik, Seite 46

Mosaik, Seite 47

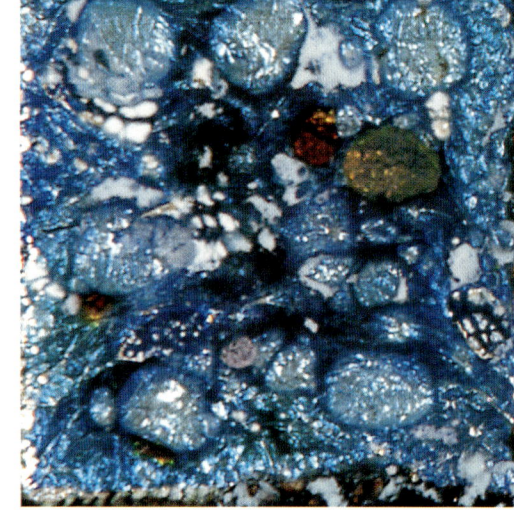

Farbschichtung, Seite 47

Relief, Seite 48

Sgraffito, Seite 49

Dekorschiebebilder, Seite 50

Transfer-Email, Seite 50

Blattsilber, Seite 53

Blattgold, Seite 53

Blattgold, Seite 53

24

Stegemail, Seite 56

Oxid, Glühhaut, Zunder, Seite 62

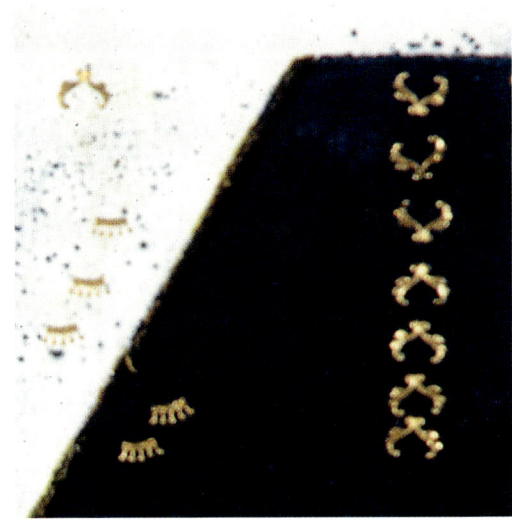

Paillons, Seite 63

Cloisonné, Seite 65

Cloisonné, mattgeschliffen, Seite 66

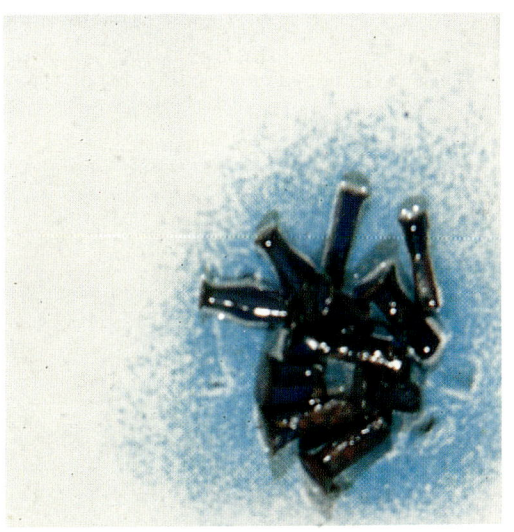

Metallteile, Seite 67

Quarzsand, Seite 69

Quarzsteine, Seite 70

Glassteine, Seite 70

25

Aquarell-Technik, Seite 71

Faser-Technik, Seite 75

Miniaturen, Seite 78

Limousin, Seite 78

Opalisier-Effekt, Seite 81

Tiefätzen, Seite 82

Hochätzen, Seite 82

Sägen und Feilen, Seite 86

Treiben und Punzen, Seite 89

Collagen, Seite 90

Zuschnitte, Seite 94

Zuschnitte, Seite 94

Kupferfolie, Seite 97

Skulpturen, Seite 98

Airbrush, Seite 101

Fenster-Email, Seite 104

Schweißbrennen, Seite 105

Montieren, Seite 106

TECHNIKEN FÜR ANFÄNGER

Streu-Technik

Für Ihre erste Emailarbeit sollten Sie die Streu-Technik anwenden. Sie ist die einfachste Dekorart und führt trotzdem zu schönen Ergebnissen.

Schalten Sie zunächst den Emailofen ein! Während der Ofen auf Brenntemperatur kommt, haben Sie Zeit, Ihr erstes Stück in Ruhe zum Brennen vorzubereiten. Decken Sie Ihren Arbeitstisch mit weißem Papier ab. Darauf legen Sie zwei Holz- oder Keramikstäbe zum Auflegen des gereinigten Kupferrohlings.

Streuen Sie dann sorgfältig und gleichmäßig das Emailpulver auf das Metall. Dazu benutzen Sie das Streusieb; es garantiert einen gleichmäßigen Auftrag. Achten Sie darauf, daß die Emailschicht nicht zu dick wird. Es gibt dazu eine Regel:

Emailpulver nur so stark auftragen, wie der Emailträger selber ist.

Heben Sie nun Ihr Werkstück vorsichtig mit einer Spatel von der Unterlage ab und legen Sie es auf ein Brennsieb. Überschüssiges Pulver, das während des Aufstreuens auf das Papier gefallen ist, kann vorsichtig in den Farbbehälter zurückgeschüttet werden.

Sie können bei Ihrem Erstlingswerk natürlich noch eine Kontrastfarbe aufstreuen. Dann aber stellen Sie Ihre Arbeit vorsichtig in den Brennraum des Ofens. Dort geschieht nun bei 800° C bis 850° C die sichtbare Umwandlung. Lassen Sie sich diesen auch beim tausendsten Brand immer wieder faszinierenden Vorgang nicht entgehen!

Ich hoffe nun, daß Ihnen Ihre erste Arbeit so viel Spaß gemacht hat, daß es für Sie eine Herausforderung ist, mit einer zweiten zu beginnen.

Gegenemail (Contre-Email)

Gelegentlich ist es doch erforderlich, den Farbauftrag stärker zu halten, als das Trägermetall dick ist. In diesen Fällen müssen Sie gegenemaillieren. Dadurch wird die Spannung zwischen Email und Metall ausgeglichen und ein Abspringen bzw. Abplatzen des Emails von der Oberfläche des Werkstücks läßt sich somit verhindern.

Beginnen Sie mit dem Emaillieren auf der Rückseite Ihres Trägermetalls (Brosche, Anhänger . . .). Nehmen Sie dazu Reste von Farben, die sich für eine

80 Metallzuschnitte in einfacher Streu-Technik.
15×18 cm

81 Sechzehn kleine Kupferteile, in einfacher Streu-Technik emailliert und zu einer Einheit zusammengesetzt. Zugleich eine gute Übungsarbeit zum Streuen sowie für Farb- und Formgebung.
10×5 cm

82 Streu-Technik. Fünfzehn Kupferteile in Tropfenform.
10×15 cm

83–85 Streu-Technik.

83 Reinigung einer Kupferschale mit einem Schmirgelblock feinster Körnung.

84 Auftragen von Haftmittel mittels eines Pinsels. Es ist bei der Wölbung eines Emailträgers immer erforderlich.

85 Beim Aufstreuen sollte stets darauf geachtet werden, daß das Pulver senkrecht auf den Emailträger fällt.

gediegene Oberflächengestaltung nicht mehr eignen. Nachdem die Rückseite eingebrannt ist, reinigen Sie die Vorderseite mit der Karborundfeile oder dem Schmirgelblock, bis sie metallisch rein ist. Nun geben Sie der Oberfläche das Bild, das Ihnen vorschwebt. Zum Brennen legen Sie Ihr Werk auf den Gegenemailständer.

Mein Vorschlag: Wenn Sie eine Schale gestalten wollen, ist es wegen der Rundung des Gefäßes einfacher, zuerst die Oberseite zu reinigen und zu emaillieren. Dann erst tragen Sie auf der Rückseite Gegenemail auf und beginnen mit dem zweiten Brennvorgang.

△ 86/87 Geometrisch angeord-
nete Kupferteile, in einfacher
Streu- und Schablonen-Technik
emailliert. Die Verbindungslinien
sind mit dem Pinsel aufgemalt.
10×15 cm

◁ 88 Drei quadratische Kupfer-
platten sind hier übereinander angeordnet. Streu- und Schablonen-
Technik.

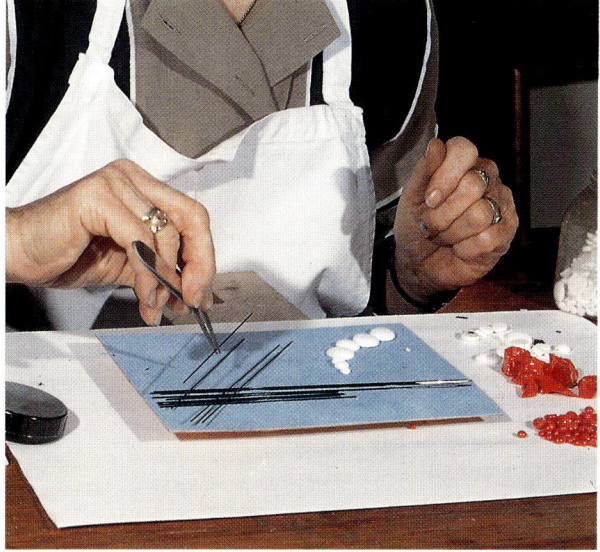

89 Selbstgezogenes Fadenemail wird auf einer blauen Emailplatte zu einem Netzgebilde geformt.

90/91 Emailgranulate werden zur Bombé-Gestaltung angeordnet und aufeinandergelegt.

Faden-, Kugel- und Splitteremail

Emailkunst ist die Kunst der Oberflächengestaltung. Eine gut gestaltete Fläche ist das Abbild Ihrer Phantasie. Formen und Farben, Flächen und Überschneidungen prägen das Bild. Versuchen Sie darum, Ihr Motiv bereits zu »sehen«, bevor Sie mit der praktischen Arbeit beginnen. Ihr Werkstück wächst von innen nach außen. Beginnen Sie zunächst bewußt mit einfachen Flächengestaltungen. Dabei helfen Ihnen vorgeformte und vorgebrannte Faden-, Kugel- und Splitteremails. Deren Anwendung ist denkbar einfach.

Legen Sie auf das bereits bestreute Werkstück mit der Pinzette vorsichtig Fäden (aus Fadenemail) zu Linienornamenten oder zu einem kleinen Netzgebilde. Selbst gestaffelte parallele Linien ergeben – besonders bei gut abgestuftem Farbuntergrund – ein recht dekoratives Bild. Kugel- und Splitteremail können Sie symmetrisch, asymmetrisch oder zu kleinen Motiven anordnen. Sie erreichen fast immer eine ansprechende Wirkung.

Mattemail

Unter dem Begriff Mattemail versteht man zweierlei:
– Eine emaillierte Glanzfläche wird matt geschliffen
– Man verwendet Emailfarben, die auch nach dem Verschmelzen matt bleiben.

Diese Farben gibt es nur in kleinen Sortimenten und nur in opaker Version. Die Anwendung ist auch hier denkbar einfach:

Streuen Sie Emailfarben auf und legen Sie kleine Emailsplitter mit ganz geringem Abstand nebeneinander. So erzielen Sie ein Wabenmuster.

Eine zweite Möglichkeit: Verwenden Sie Schablonen und Kontrastfarben, streuen Sie eine zweite Farbschicht auf und brennen Sie das Werkstück! Achten Sie bei Mattemail unbedingt darauf, daß nicht höher als 850° C gebrannt werden darf. Sonst wird Mattemail porös.

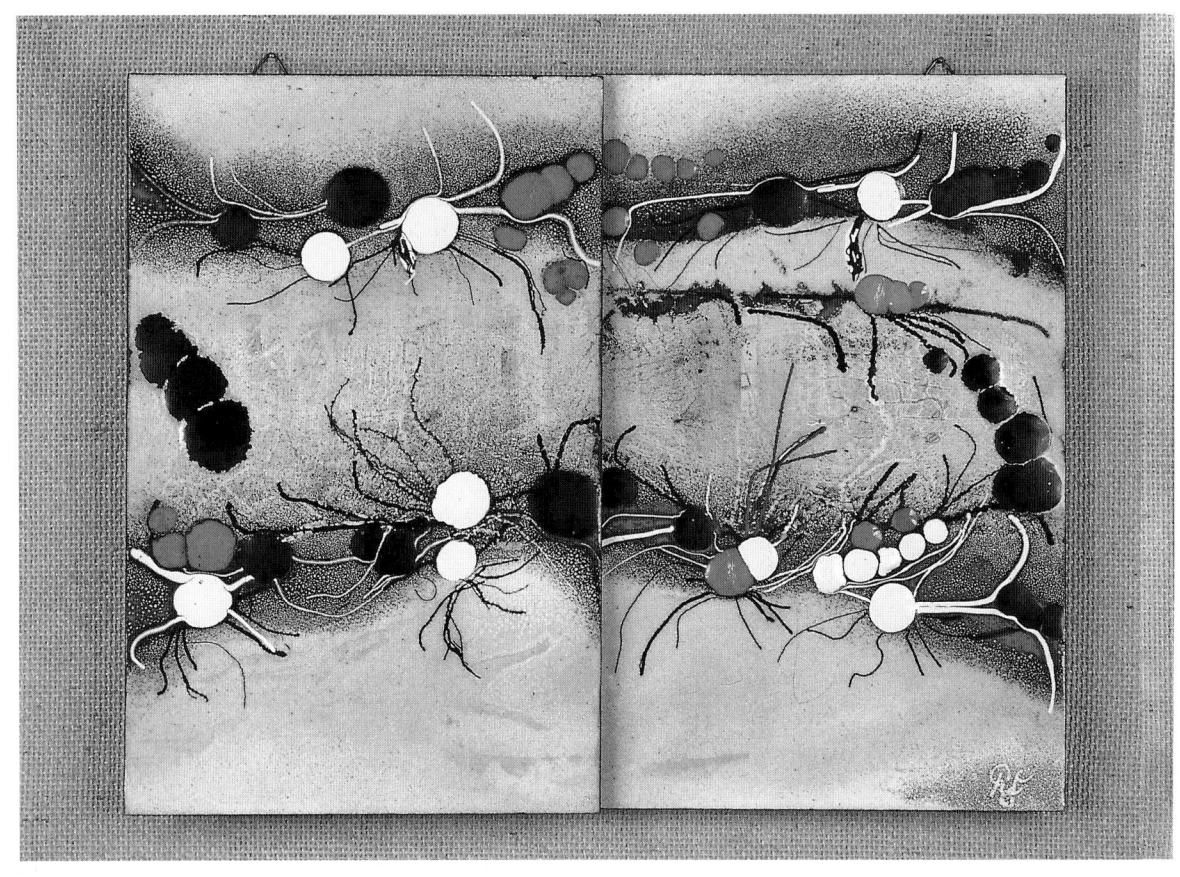

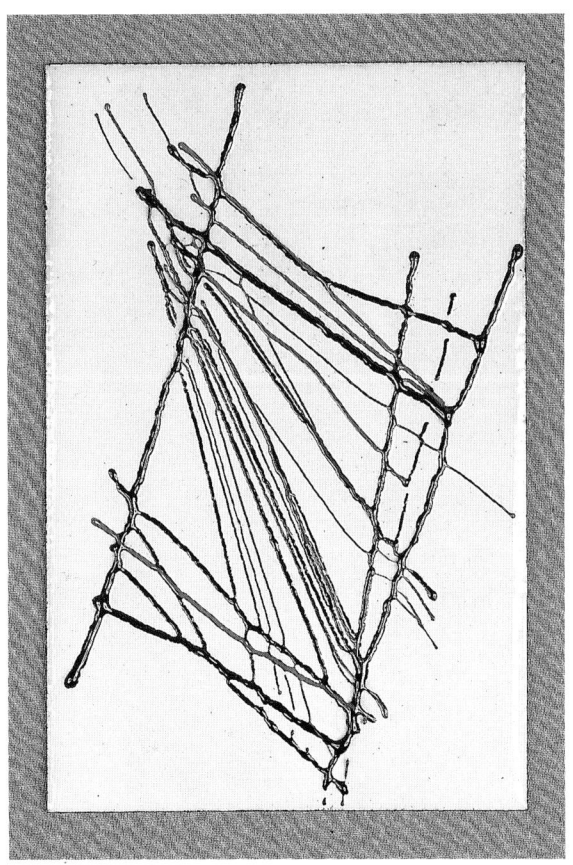

◁ 92 Die Anwendung verschiedener Techniken – Streu-, Faden- und Granulatemails übereinandergeschichtet – erlaubt dem Anfänger eine freie Bildgestaltung. Gegenemail ist unbedingt erforderlich.
40×30 cm

◁ 93 Fadenemail auf einer Glasfaserunterlage. Es wurde zu einem Netzgebilde zusammengeschmolzen, auf eine Emailplatte übertragen und aufgeschmolzen.
10×15 cm

◁ 94 Selbstgeformte Emailfäden, zu einem Baummotiv angeordnet und aufgeschmolzen.
10×15 cm

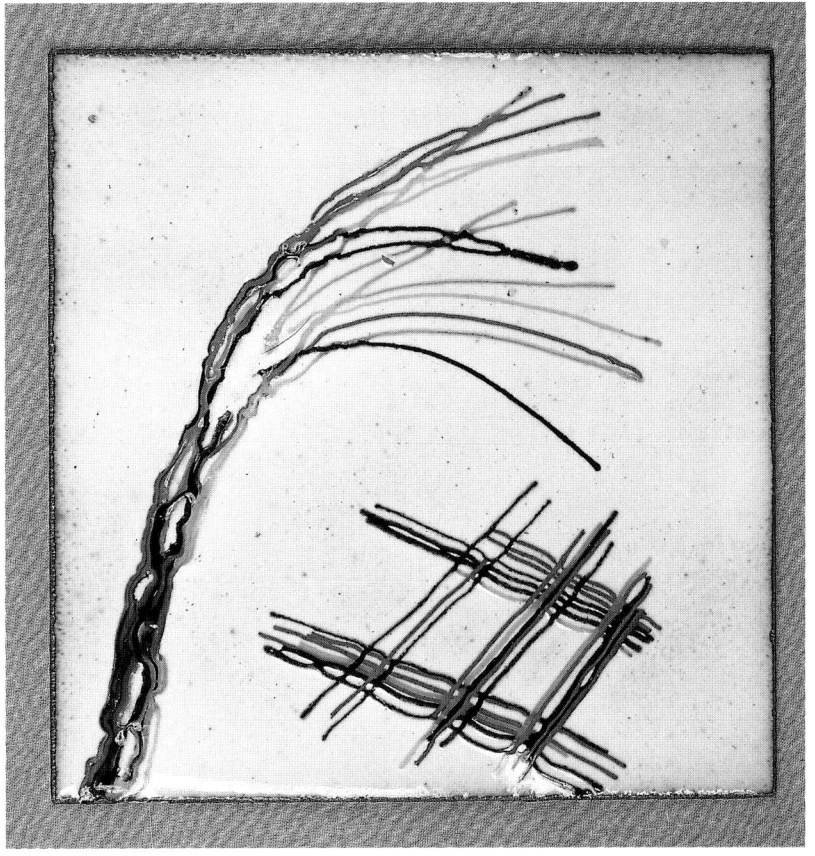

95 Aufgeschmolzenes Netzgebilde aus Fadenemail.
12×12 cm

96/97 Mit dem Ziehhaken aus dickflüssiger Emailmasse gezogene und aufgeschmolzene Tropfen.
10×15 cm ▽

33

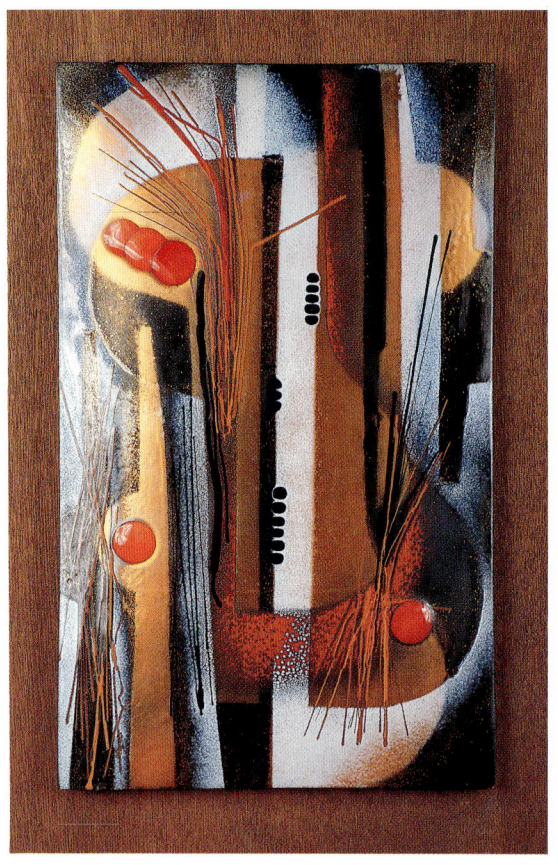 

△ 98/99 Farbkompositionen.
Schablonen-Technik mit Anwendung
von transparenten und opaken Emailfarben, sowie Faden- und Splitteremail.
28×40 cm

100 Holzdose mit Emaileinlage.
Streu-Technik, Splitter- und Fadenemail.
⌀ 15 cm, Höhe 4 cm

101 Oxid-, Schicht-, Splitter-, Faden-
und Durchbrenn-Technik ergeben
diesen »Meeresgrund«.

Naßauftrag

Bei Ihrer bisherigen Arbeit werden Sie sicher schon erlebt haben, daß sich Emailpulver durchaus nicht immer so verhält, wie Sie es wollen. Pulver ist »seitenwindgefährdet«, es bleibt also nicht immer da, wo Sie es aufgetragen haben. Ein kleiner Stoß bringt Ihr Traumgebilde schnell durcheinander, selbst ein »Stoßseufzer« Ihrerseits kann alle bereits aufgewendete Mühe zunichte machen. Emailpulver werden darum nicht nur trocken aufgestreut. Für viele Techniken ist es unerläßlich, die Farben naß aufzutragen.

Das Emailpulver wird hierzu mit destilliertem Wasser oder mit Haftmittel angerührt. Die Konsistenz sollte einem zähflüssigen Brei gleichen. Wenn Sie die Masse mit Haftmittel anrühren, wird sie geschmeidiger und kann in der Hauptsache für steilwandige Formen wie Schalen, Vasen und Objekte (Skulpturen . . .) verwendet werden.

Bedenken Sie dabei, daß Emailpulver in der Flüssigkeit aufquillt. Der Email-Naßauftrag soll darum etwas stärker sein als beim Aufstreuen. Wenn Sie verschiedene Farben im Naßauftrag nebeneinander auf das Werkstück bringen, erreichen Sie eine ziemlich klare Farbabgrenzung.

Mein Vorschlag: Nach dem Naßauftrag empfiehlt es sich, das Werkstück durch leichtes Klopfen gegen die Unterseite vibrieren zu lassen. Dadurch verteilt sich das Naßemail gleichmäßig auf der Fläche.

Saugen Sie auch das an die Oberfläche austretende Wasser mit einem Löschpapier ab! So verringern Sie die Trockenzeit erheblich. Vor dem Brennen muß die Flüssigkeit vollkommen aus der Emailschicht verdunstet sein. Am besten stellen Sie das Werkstück in Ofennähe oder *auf* den Ofen.

Wenn Sie es einmal sehr eilig haben, können Sie Ihre Arbeit auch mehrmals in den heißen Ofen halten, bis alle Flüssigkeit verdampft ist. Dabei gehen Sie jedoch das Risiko ein, daß die Flüssigkeit zu schnell verdunstet und das Email Blasen wirft: Dann entsteht ein grober Brennfehler.

Haftmittel–Technik

Wasser ist etwas Wunderbares. Aber es hat von Natur aus die Eigenschaft, immer abwärts zu fließen. Email mit Wasser vermischt macht da keine Ausnahme. Die nasse Masse gleitet auf geneigten Flächen der Schwerkraft folgend abwärts. Um dort sicher gestalten zu können, bedarf es des Haftmittels. Es hält das Emailpulver sicher fest. Diese Technik ist relativ einfach.

36

102-104 Naßauftrag.
102 Emailpulver wird naß angerührt.

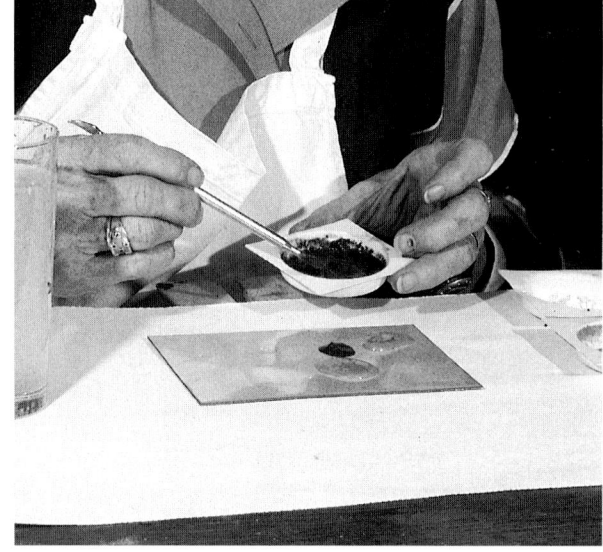

103 Die Emailmasse wird mit einer Spatel auf das Werkstück übertragen.

104 Die Emailmasse wird mit ruckartigen Kreisbewegungen über die ganze Fläche verteilt.

105 Türknauf. Naßauftrag und Schwenk-Technik.
⌀ 7 cm ▷

106 Türknauf in Naßauftrag.
6×9 cm ▷

107 Türknauf in Naßauftrag.
14,5×14,5 cm ▷

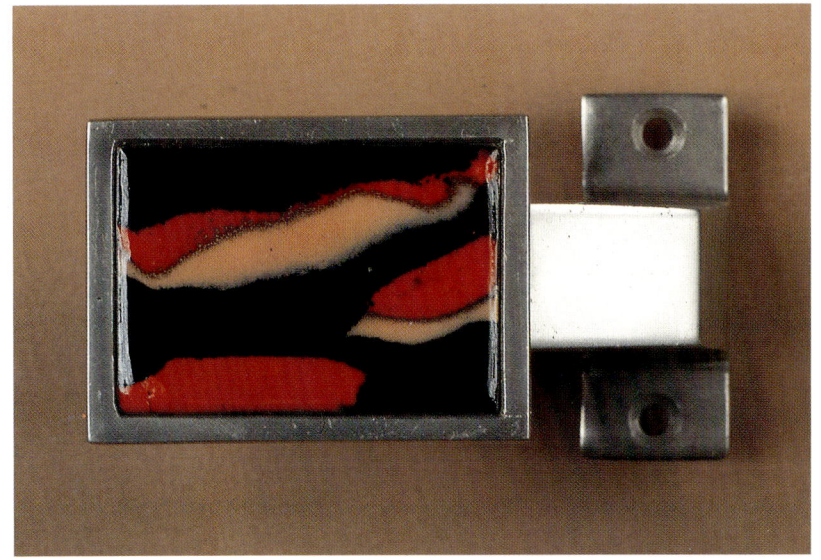

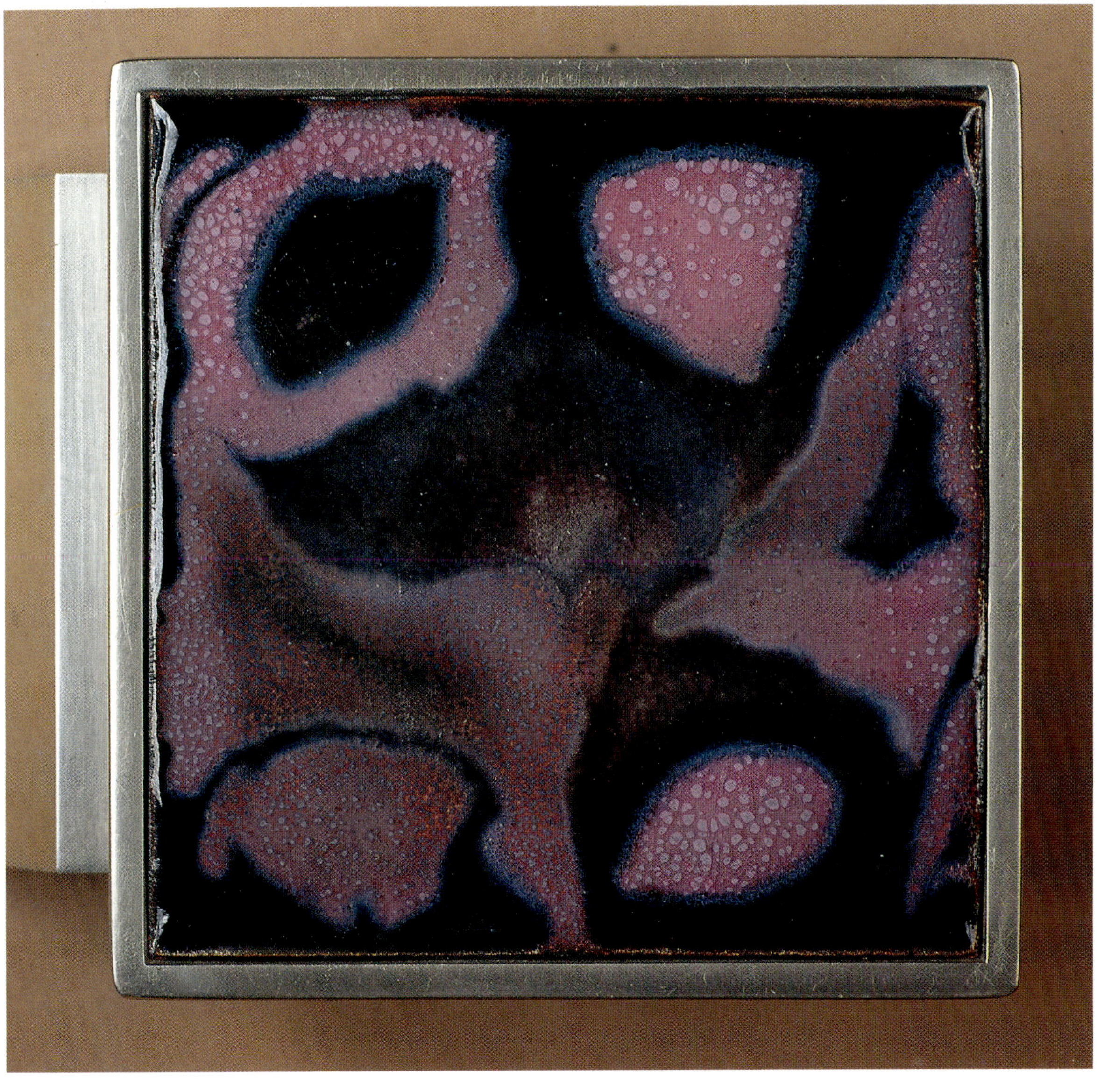

Sie müssen Sie für spätere Arbeiten unbedingt sicher beherrschen.

Brennen Sie ein Werkstück mit einer Grundfarbe vor. Nun malen Sie mit Haftmittel ein Muster auf. Arbeiten Sie dabei schnell und zügig, weil Haftmittel auf der glatten Emailschicht schnell trocknet.

Streuen Sie anschließend Emailpulver auf die noch nasse Zeichnung. Nehmen Sie das Werkstück in die Hand und klopfen Sie leicht gegen seine Rückseite. Von den trockenen Stellen fällt das Email ab, und Ihr Motiv wird sichtbar. Es ist nach dem ersten Brand durchaus möglich, die Konturen nochmals mit Haftmittel zu benetzen und ein zweites Mal mit der Kontrastfarbe nachzustreuen. Achten Sie darauf, daß das Haftmittel vor dem Brand voll abgetrocknet ist. Sonst kommt es zu Fehlbränden.

Glyzerin–Technik

Glyzerin bekommen Sie in der Drogerie. Es ist eine zähfließende Flüssigkeit, die zum Malen zu dick ist. Da es aber wasserlöslich ist, genügen oft wenige Tropfen Wasser, ein Schütteln der Glyzerinflasche, um eine malfähige Konsistenz zu erhalten. Die Glyzerin-Technik können Sie nur auf voremaillierten Werkstücken anwenden.

Malen Sie mit einer Feder oder einem feinen Pinsel mit Glyzerin lineare oder flächige Muster auf das voremaillierte Werkstück. Da Glyzerin ebenso wie Haftmittel farblos ist, sollten Sie bei guten Lichtverhältnissen arbeiten. Nachdem Sie das Muster aufgetragen haben, streuen Sie Emailpulver auf. Nach kurzer Zeit können Sie das Email von den trockenen Stellen abschütteln. Sie erkennen jetzt, ob Ihre Zeichnung so ist, wie Sie sie sich vorgestellt haben. Wenn dies nicht der Fall ist, ziehen Sie die Linien noch einmal mit Glyzerin nach und streuen Sie erneut Email auf die Fläche.

Der Brennvorgang vollzieht sich bei dieser Technik in mehreren Etappen. Bei offener Ofentür wird allmählich das Glyzerin abgetrocknet. Wenn keine Dampfentwicklung mehr sichtbar ist, stellen Sie Ihre Arbeit zum Fertigbrand in den Ofen, natürlich bei geschlossener Tür.

Kordel und Klebeband

Kordeln, Fäden und Schnüre aller Art und in verschiedenen Stärken können beitragen, eine einfache, aber recht wirkungsvolle Oberflächengestaltung zu erzielen. Hell-Dunkel-Kontraste in der Farbgebung erhöhen die Wirkung.

Ein Werkstück wird mit einer Grundfarbe emailliert. Nach dem Erkalten wird die Fläche fortlaufend – aber in Abständen – mit Kordel umwickelt. Die Kordelführung schafft dabei Längs- und Querverbindungen.

Tragen Sie danach mit einer Sprühpistole Haftmittel auf und streuen Sie eine Kontrastfarbe zum Untergrund über das ganze Werkstück. Nach kurzer Zeit können Sie die Kordel behutsam abwickeln: Ihr Muster erscheint. Nachdem das Haftmittel ganz abgetrocknet ist, beginnen Sie mit dem Brand.

Mit Klebeband können Sie ähnlich verfahren. Schneiden Sie ganz nach Ihrer Vorstellungskraft Streifen, Rechtecke, Vielecke oder auch Figuren aus. Kleben Sie diese Klebebandteile auf ein voremailliertes Werkstück. Dann tragen Sie Haftmittel auf und überstreuen mit einer Kontrastfarbe. Nach kurzer Zeit können Sie das Klebeband vorsichtig ablösen. Lassen Sie nun Ihr Stück trocknen. Nach dem Brand erscheinen die Konturen.

108 Schale in Glyzerin-Technik in Kontrastfarben. ⌀ 10 cm, Höhe 3 cm

109 Emailarbeit in Misch-Technik von José Manuel Gárate Legoz, San Sebastian/Spanien.

110-115 Kordel und Klebeband.
110/111 Eine Kupfervase wird so mit Klebeband umwickelt, daß Streifen dazwischen frei bleiben. Danach wird Email aufgestreut, das Band vorsichtig abgezogen und die Vase gebrannt.

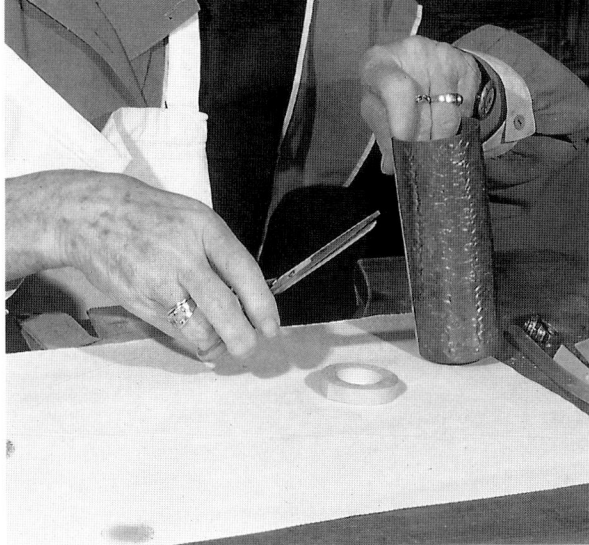

112/113 Eine vorgebrannte Emailplatine wird mit Kordel umwickelt,

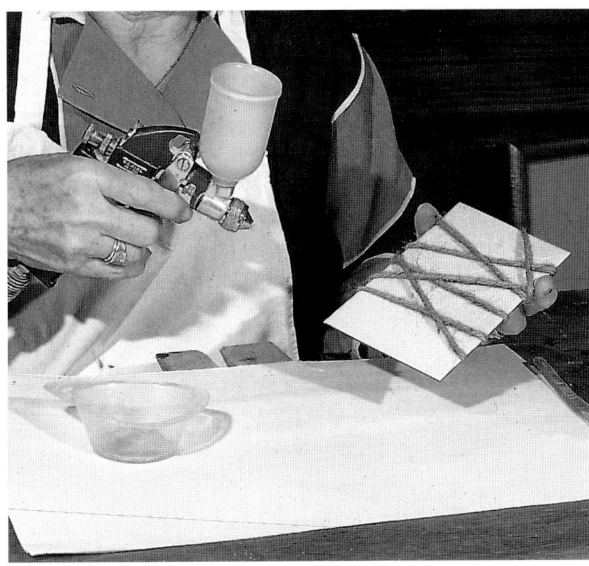

114/115 die Kordel wird vorsichtig abgerollt, wodurch das Muster sichtbar wird.

116 Phantasiemotiv von Mikulas Lovacky Bardejov, CSFR. Im Airbrush-Verfahren mit Schablonen aufgesprüht, Bombéstruktur aufgetragen. ⌀ 35 cm

Bombé

Diese Technik erfordert ein wenig mehr Zeitaufwand und in jedem Fall ein Gegenemail (Contre-Email). Bombé bedeutet im übrigen soviel wie aufgewölbt, bauchig.

Zuerst wird die Rückseite des Werkstücks emailliert. Reinigen Sie danach die Oberseite und tragen Sie das Email naß auf. Legen Sie in diese Emailmasse Granulate oder große Emailsplitter neben- und übereinander. Stellen Sie dann das Werkstück *auf* den Ofen zum Trocknen! Für diese Technik lassen sich Glasperlen, Kristallglas- und Mosaiksteine, aber auch einfaches Fenster- und Flaschenglas verwenden.

Verfolgen Sie sorgfältig den Brennvorgang! Öffnen Sie dazu die Ofentür. Wenn Sie sehen, daß die scharfen Kanten der Granulate oder Scherben brechen, d. h. rund werden, nehmen Sie die Arbeit aus dem Ofen.

Durch die Änderung der Brenndauer können Sie Strukturvarianten schaffen. Bei zu langem Brand sinken die Zusatz-Schmuckmittel in den Emailgrund. Bei niedrigen Temperaturen bleiben die Granulate, Glasperlen, Steine und Gläser plastisch stehen: sie werden zu Bombé-Email.

117 Holzdose mit Emaileinlage: Streu-Technik mit Splitteremail. ⌀ 15 cm, Höhe 4 cm

Craquelé

Craquelé nennt man eine feine, netzartige Rißbildung in der Oberfläche des Emails. Diese sehr ansprechende Wirkung erreichen Sie mit verhältnismäßig einfachen Mitteln. Sie können sowohl Schmuck- wie Industrie-Email verwenden. Craquelé ist Ihnen sicher von der Oberflächengestaltung durch Glasur bei alten Porzellanen (besonders aus China) oder auch von der Batik her bekannt.

Brennen Sie vor Beginn des eigentlichen Craquelé-Arbeitsganges auf die Oberseite Ihres Werkstücks eine Emailschicht mit der Farbe Fondant. Die Rückseite wird mit Gegenemail abgesichert.

Nun wählen Sie eine Emailfarbe mit einem »harten« oder »sehr harten« Schmelzpunkt. Rühren Sie die Farbe mit Haftmittel an und tragen Sie sie auf die Fondantschicht auf. Wenn Sie nun Ihr Werkstück leicht auf dem Arbeitstisch aufklopfen, erreichen Sie, daß sich das Haftmittel an die Oberfläche drängt. Mit einem feinen Leinentuch oder mit Löschpapier können Sie die Flüssigkeit absaugen. Wiederholen Sie diesen letzten Arbeitsgang zwei- bis dreimal. Dann ist die Feuchtigkeit so weit aus Ihrem Werkstück abgezogen, daß Sie es in den Ofen stellen können.

Etwas Restfeuchtigkeit ist allerdings immer noch vorhanden. Bei hoher Temperatur reißt nun die schnelle Dampfbildung bei der Verdunstung der Restfeuchtigkeit Risse in die Emailschicht. Eine Netzstruktur entsteht, und es erscheinen aufgebrochene Flächen. Beobachten Sie daher den Brennvorgang. Wenn Sie meinen, der von Ihnen gewünschte Effekt sei erreicht, nehmen Sie das Stück aus dem Ofen.

Um die optische Wirkung noch zu steigern, rühren Sie nun eine Kontrastfarbe naß an und reiben Sie sie in die Risse oder aufgesprungenen Flächen ein. Nach erneutem Abtrocknen können Sie brennen. Diese Craquelé-Arbeit kann auch als Basis für weitere Gestaltungsformen genutzt werden; z. B. zum Malen, für Dekorbilder oder für Transfer-Email.

Metallüster

Lüsterfarben sollten Sie wegen der intensiven Effekt-wirkung nur sparsam zur Oberflächengestaltung mit Email einsetzen. Lüsterfarben gibt es mit Regen-bogeneffekten und in vielen Pastellfarben. Auch Gold- und Silberschattierungen sind im Handel. Me-tallüster kann ohne Zweifel bei Arbeiten mit Mal-Cloisonné-Schablonen, bei Transfer-Email und der Schiebebildtechnik eine Bereicherung sein.

Bevor Sie mit dem Zeichnen, Malen oder Lasieren beginnen, schütteln Sie die flüssige Lüsterfarbe gut durch. Sollte die Konsistenz zu dick sein, fügen Sie ei-nen Tropfen Sandelholz- oder Lavendelöl zum Ver-dünnen zu.

Tragen Sie auf das voremaillierte Werkstück mit ei-nem feinen Pinsel Ihre Zeichnung auf. Es reicht, wenn Sie nur einen ganz dünnen Schleier über die Emailflä-che ziehen.

Die Temperatur zum Einschmelzen darf nicht hö-her als maximal 700° C bis 720° C sein. Ich empfehle Ihnen daher, alle anderen beim Werkstück angewand-ten Techniken auszuschmelzen und den Lüsterauftrag als letzten vorzunehmen. Haben Sie auch Geduld bei der Trockenzeit der aufgetragenen Farbe. Lüsterfar-ben müssen völlig trocken sein, sonst glühen sie aus, und das Ergebnis ist eine häßliche Emailoberfläche.

121 Kupferzuschnitt. Schablonen-Technik, Blattgold und Lüsterfarben.
9×14 cm

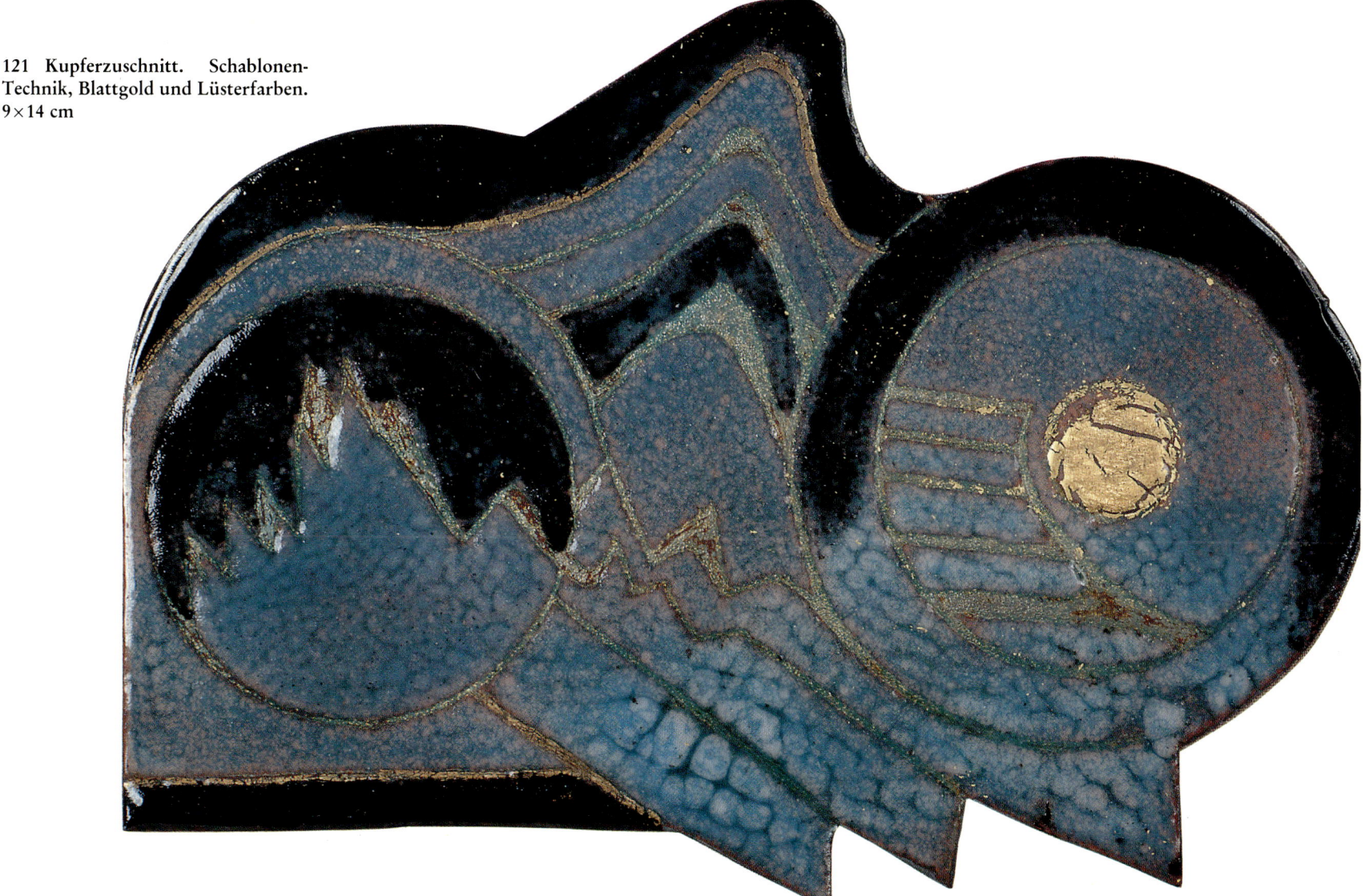

Ablauf-Technik

Steilwandige Vasen, tiefgezogene Schalen und ähnliche Hohlformen stellen den Emailkünstler vor Probleme. Wie erreicht man einen gleichmäßigen und schönen Farbgrund? Wie kommen die wunderbaren Streifen und Flächenmuster auf der steilen Fläche zustande?

Streuen Sie bei allen gewölbten und steilwandigen Werkstücken die Emailfarbe mit besonderer Sorgfalt auf, damit sie nicht abrutscht. In jedem Fall müssen Sie zuvor die ganze Fläche mit Haftmittel behandeln. Für die Grundfarbe verwendet man bei der Ablauf-Technik Email mit einem »sehr harten« Schmelzpunkt (s. S. 16).

Nehmen Sie Ihr Werkstück in die Hand und achten Sie beim Aufstreuen darauf, daß das Pulver gleichmäßig senkrecht auf die Fläche fällt. Nach dem Aufbringen der Grundfarben bereiten Sie in kleinen Schälchen zwei oder drei verschiedene Farben mittels Haftmittel so vor, daß ein zähflüssiger Brei entsteht. Mit einem Spatel können Sie nun im Farbwechsel kleine Tropfen des angerührten Emailbreis ringsum auf den Rand auftragen. Diese zwei oder drei Kontrastfarben sollten einen »sehr weichen« Schmelzpunkt haben.

Lassen Sie nun das Werkstück vorsichtig *auf* dem Ofen trocknen. Sehen Sie zu, daß die feuchten Tropfen nicht abrollen! Anschließend wird die Arbeit bei sehr hoher Temperatur gebrannt. Achten Sie während des Brennvorganges auf den Emailfluß. Sie können das Ergebnis nämlich steuern:

– Entweder nehmen Sie das Werkstück frühzeitig aus dem Ofen, wenn die Tropfen nur als Randdekor erscheinen sollen

– Oder Sie brennen länger, bis die Tropfen bis zur Schalenmitte (Vasenfuß . . .) gelaufen sind.

Experimentieren Sie hier eifrig! Durch verschiedene Farbgebungen und bei verschieden hohen Temperaturen gibt es Überraschungseffekte. Sie erzielen Durchbrenneffekte, Randbildungen, Zellenformen und vieles mehr.

122-124 Ablauf-Technik.
122 Aufstreuen des Emails für die Grundfarbe auf eine Schale – Ausgangspunkt für die Ablauf-Technik.

123/124 Mit Wasser und Haftmittel angerührte Emailfarben werden im Farbwechsel am Rand der Schale in Tropfenform mit dem Pinsel angelegt.

125/126 Emailbilder mit symbolischer Darstellung. Der Emailträger ist Eisenblech, das schwarz beschichtet ist. Farbauftrag mit weißem und blauem Industrie-Email in Sgraffito- und Mal-Technik, zusätzlich Ablauf-Technik.
Je 30×30 cm

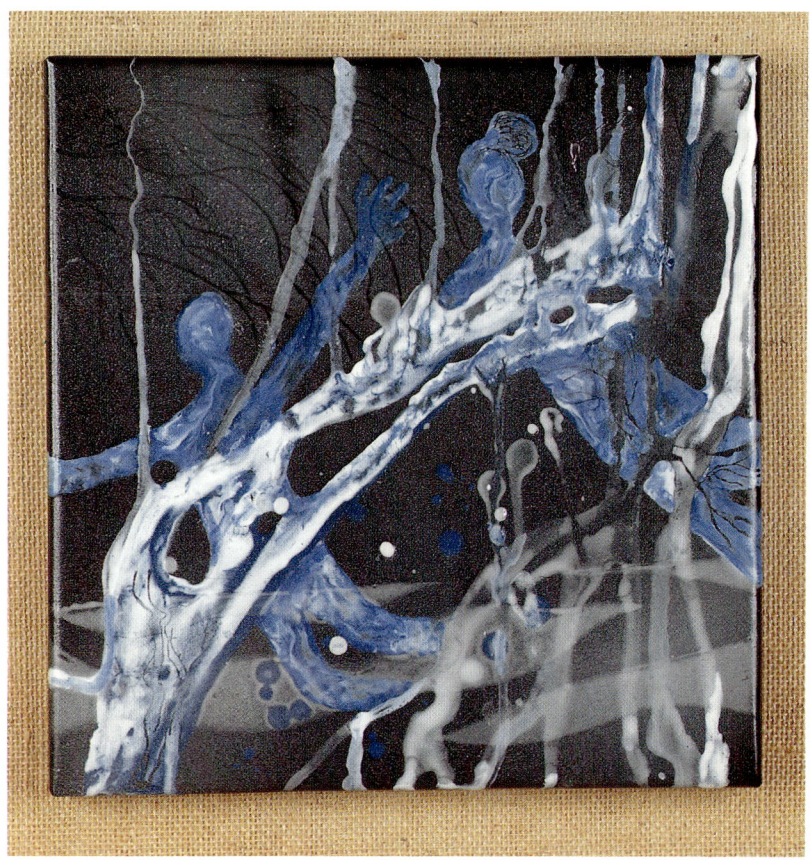

Graphit-Technik

Graphit kann wie eine Farbe in eine Emailschicht eingebrannt werden. Sie brauchen zu dieser Technik einen Graphit-Bleistift (etwa Faber Nr. 2). Damit kann man »schwarz auf weiß« schreiben, zeichnen, skizzieren, auf Email wie auf Papier. Sie können damit Türschilder gestalten wie auch Ihrem Freund oder Ihrer Freundin einen Email-Brief schreiben.

Überstreuen Sie ein weiß voremailliertes Werkstück noch einmal mit der gleichen Farbe! Nun brennen Sie die zweite Farbschicht ein. Dies ist erforderlich, weil die Emailfläche glatt und plan geschliffen werden muß. Dazu benutzen Sie die Karborundfeile und arbeiten unter fließendem Wasser. Es sollten danach keine zu groben Schmirgelspuren sichtbar sein. Nach dem Abtrocknen werfen Sie bitte einen ganz kritischen Blick auf Ihre Arbeit. Prüfen Sie, ob auch wirklich die ganze Fläche gleichmäßig matt ist. Denn an einer Stelle, die jetzt noch Glanz zeigt, kann später kein Graphit in die Poren eindringen: die Schriftzeichen und Zeichenlinien wären nach dem Brand an diesen Stellen unterbrochen.

Mit festem Druck schreiben oder zeichnen Sie nun auf die aufgerauhte Fläche. Achten Sie darauf, daß die Schrift gut sichtbar und eine durchgehende Linienführung gegeben ist. Vorsicht vor Wischspuren! Sie bleiben auch nach dem Brennen sichtbar. Sollte Ihnen das Ergebnis Ihrer Arbeit nicht zusagen, so können Sie noch einmal von vorne beginnen: sauber schleifen und neu schreiben oder zeichnen.

Das Wichtigste bei dieser Technik ist das Einbrennen. Es bedarf in jedem Fall einer Beobachtung des Brennvorgangs. Das Graphit wird bei etwa 800° C in Email eingebrannt. Nehmen Sie nach einer Minute die Arbeit aus dem Ofen und prüfen Sie, ob eine Glanzschicht vorhanden ist. Dann ist nämlich der Graphiteinbrand beendet. Wenn Sie zu kurz brennen, läßt sich das Graphit wieder abreiben. Wenn der Brand zu lange dauert, versinkt es in den offenen Emailporen, und Ihr Text (Zeichnung . . .) verschwindet vollkommen. Die Graphit-Technik läßt sich mit vielen anderen Anwendungsformen kombinieren.

Durchbrenn-Technik

Mögen Sie Überraschungen? Sind Sie ein Liebhaber abstrakter Kunst? Wenn ja, dann sollten Sie sich einmal an der Durchbrenn-Technik versuchen. Sie ist für den Emailschaffenden besonders interessant, weil sie zu immer neuen Experimenten anregt, und jedes Er

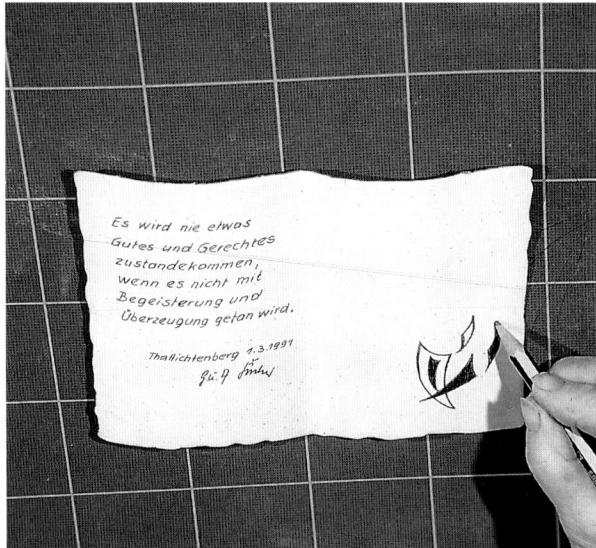

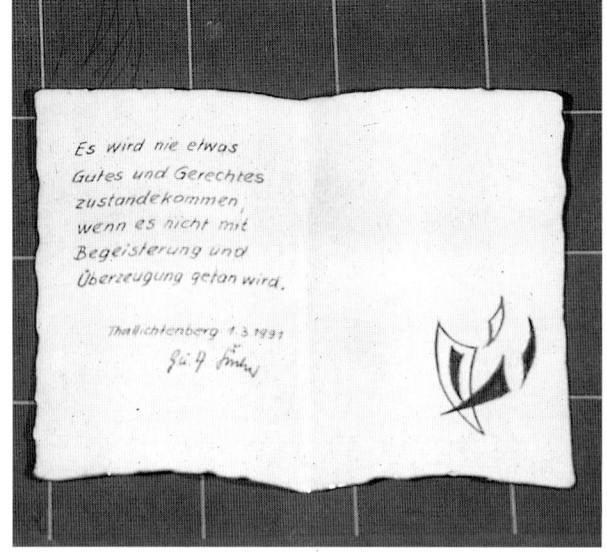

127/128 Graphit-Technik.
127 Die Zeichnung und Schriftzüge auf mattgeschliffenem Untergrund erfolgen mit einem weichen Graphitstift.

128 Nach dem Brand wird die Schwarzzeichnung dunkelgrau.

gebnis mehr als nur eine Überraschung bereithält.

Brennen Sie zunächst in Fondant-Farbe. Danach streuen Sie zwei oder drei verschiedene Emails übereinander. Achten Sie bei der Auswahl Ihrer Farben darauf, daß jede Emailschicht einen anderen Schmelzpunkt hat. Das »weichschmelzende« Email liegt dabei in der untersten Schicht. Die zweite Schicht gehört der Gruppe der mittelschmelzenden Emails an, und die oberste Schicht besteht aus »hartschmelzenden« Farben.

Stellen Sie nun den Ofen auf Höchsttemperatur. Bei Überhitze und längerem Brand sinken sämtliche schweren Emailfarben ungleich in die untere Schmelzschicht und erzeugen dort eine geheimnisvolle, interessante Struktur sowie wunderbare Licht- und Farbenspiele. Emailgranulate erhöhen den Lichteffekt.

Mosaik

Die Kunst des Mosaiks ist aus der abendländischen Kultur nicht wegzudenken. Wir kennen Beispiele vor allem aus der römischen wie der byzantinischen Zeit. Wen wundert es, daß auch die Emailkünstler versuchten, ob nicht durch die Bildsprache des Mosaiks gültige Aussagen zeitgenössischen Gestaltens zu erzielen wären.

Wir benutzen zur Ausarbeitung eines Emailmosaiks Glas- und Kristallsteine, wie sie in der Hauptsache zur Fenstergestaltung verwendet werden. Voraussetzung für das Gelingen eines Emailmosaiks ist eine kräftige Schicht Gegenemail auf der Rückseite des Werkstücks. Reinigen Sie nach dem Rückseitenbrand die Oberfläche im Säurebad oder schmirgeln Sie sie gründlich ab. Nun wird die mit Haftmittel angerührte, ausgeschlämmte Farbe aufgetragen. Benutzen Sie dabei entweder Fondant oder eine helle Transparentfarbe!

In diese ungebrannte Emailschicht legen Sie die Mosaiksteine. Lassen Sie sich von der Vielfalt der Gestaltungsmöglichkeiten zu einem Ihnen zusagenden Motiv anregen. Nach dem völligen Abtrocknen können Sie das Werkstück brennen. Beobachten Sie den Brand: Die Steine sollen so ausschmelzen, daß eine gleichmäßig glatte Oberfläche erreicht wird. Sehr oft entstehen beim Zusammenlaufen der Farbsteinschmelzen Randzonen, die äußerst ausdrucksvoll sind.

Mosaiksteine gibt es in zahllosen Farben und Größen, in Opak und Transparent, dreieckig, viereckig, vieleckig, so daß sich vielerlei Verwendungs- und Gestaltungsmöglichkeiten anbieten.

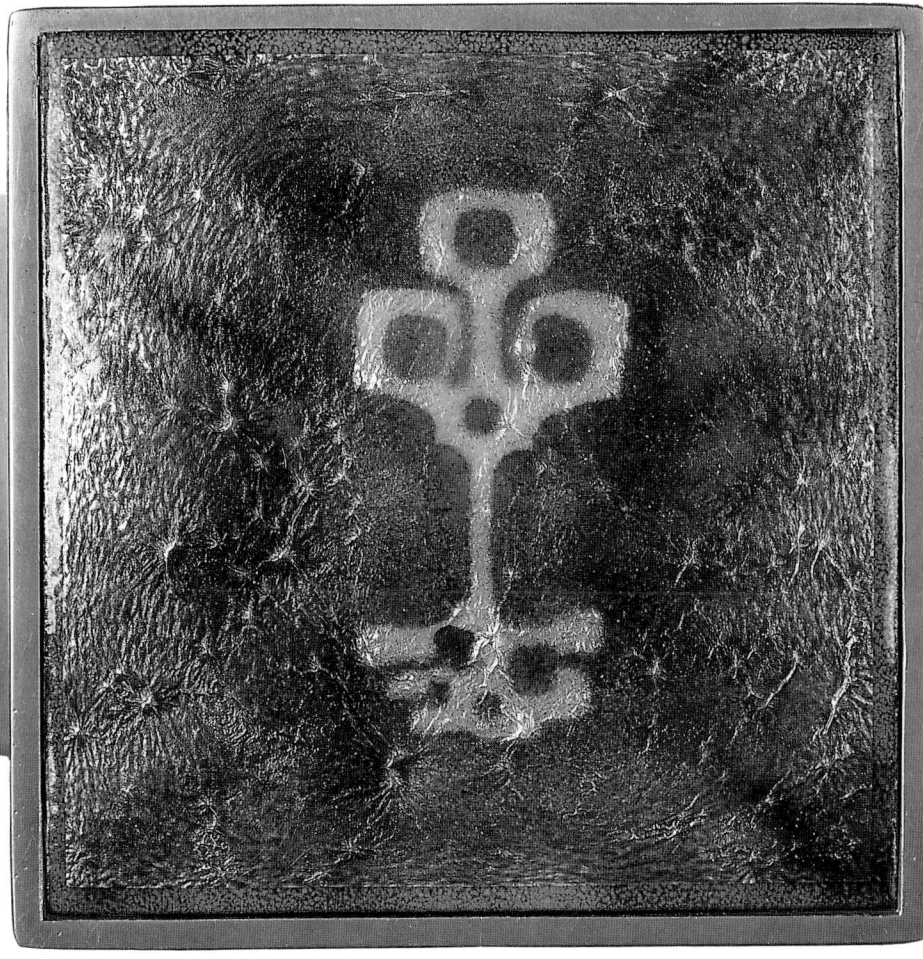

129 Türknauf mit Blattsilber-Unterlage.
14,5 × 14,5 cm

Farbschichtung

Schon aus unseren ersten Stunden im Zeichenunterricht wissen wir, daß Blau und Gelb gemischt Grün ergibt. Emailfarben lassen sich auf diese Weise nicht mischen, denn jedes einzelne Glaskorn behält seine Eigenschaft. Die Möglichkeiten des Aquarells oder der Seidenmalerei lassen sich daher nicht auf die Emailkunst übertragen. Wenn wir trotzdem ähnliche Effekte erzielen wollen, müssen wir uns etwas einfallen lassen: nicht mischen, lautet die Devise, sondern schichten.

Um optische Farbabwandlungen zu erzielen, beginnen Sie zunächst mit einer Vierfarbenschichtung: Brennen Sie dazu zuerst eine Fondantschicht auf den Metallträger. Dann können Sie transparente und opake Emails in einer zweiten, dritten und vierten Lage übereinanderschichten. Bei sehr hoher Temperatur sinken, schwimmen oder dringen die Emailfritten nach oben. Bei unterschiedlicher Brenndauer erzielen Sie verschiedenste Schmelzergebnisse. Wenn Sie transparente Emailgranulate einschmelzen, erhalten Sie Lichteffekte. Brennen Sie in jedem Fall so lange, bis die Oberfläche glatt ist. Eine weitere Auflage von Transparentsplittern ergibt bei kürzerer Brenndauer eine Oberflächenstruktur.

Experimentieren Sie mit mehreren Farben! Die Resultate werden immer völlig überraschende Farb- und Strukturvarianten sein. Sicher ist: Jedes Stück ist ein Unikat, das in seiner Eigenart nicht wiederholbar ist.

Relief

Email als Relief? Die Vorstellung ist ungewohnt, da man gewöhnlich für seine Arbeit von einer ebenen Fläche ausgeht. Relief ist aber eine zum Teil dreidimensionale Gestaltung, geübt z. B. in der Bildhauerei. Auch für den Emailschaffenden gibt es eine Möglichkeit, in die dritte Dimension vorzustoßen:

Auf ein mit hartem Emailgrund gebranntes Werkstück zeichnen Sie mit einem Filzstift die Umrisse Ihres gedachten Motivs. Nun rühren Sie mit Haftmittel Emailfarbe an und tragen sie

– entweder recht dick auf die vorgezeichneten Linien oder
– auf die Fläche des vorgezeichneten Motivs.

Die aufgetragene Emailschicht darf (ja soll sogar) uneben sein, manchmal dicker, dann wieder dünner.

Nachdem der Farbauftrag vollkommen trocken ist, wird das Werkstück gebrannt. Sehen Sie dabei dem Brand zu und achten Sie darauf, daß das Relief stehen bleibt. Bei zu hoher Temperatur oder zu langer Brenndauer können Sie jedoch eine unangenehme Überraschung erleben: Ihr Relief schmilzt zu einem flachen Kuchen zusammen.

Ist das Werkstück beim Brand aber gelungen, können Sie an den Stellen, die Sie noch erhöhen, herausheben oder betonen wollen, erneut dickflüssig Emailfarbe auftragen. Dies so lange, bis das Relief Ihren Vorstellungen entspricht.

Wer gerne mit Hammer, Meißel, einem Sticheisen oder einem Modellierpunzeisen arbeitet, kann sich ein Metallrelief als Grundlage herstellen. Dazu verwenden Sie 0,5 bis 1 mm starkes Kupferblech. Mit Hammer und Punze schlagen Sie von der Rückseite her Ihr Motiv ins Metall. Mit Stichel und Meißel arbeiten Sie auf der Vorderseite. Nach dieser Metallverformung müssen Sie Ihr Werkstück unbedingt vor dem Emaillieren ausglühen, damit sich das Metall nach der Verfestigung wieder entspannt.

130 Emailbild in Relief-Technik von Irmgard Leyser, Goldschmiedeschule Pforzheim.
15 × 20 cm

131 Bildgestaltung in Industrie- und Schmuckemail von Berta Mayer, Budapest/Ungarn. Sgraffito-Technik. 14,5×21 cm

132/133 Sgraffito-Technik.
132 Zunächst wurden Kecskemét-Industriefarben naß aufgegossen. Nach dem Abtrocknen wird das Motiv eingeritzt.

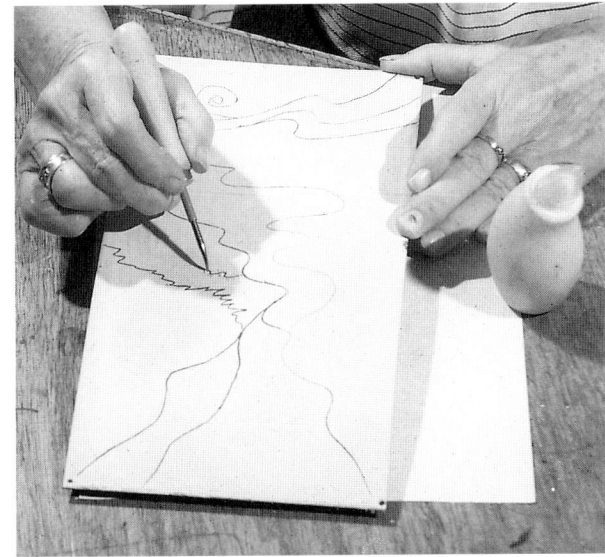

133 Entfernen der Emailfarbe, die durch das Einritzen frei wurde.

Sgraffito

Sgraffito ist eine Ritz-Technik, die »Verborgenes sichtbar macht«. Sie gestattet Einblicke in den Untergrund einer mehrschichtigen Arbeit – eine Technik, die schon die Chinesen des 10. Jahrhunderts begeisterte. Sgraffito kann in einfacher und in anspruchsvoller Form durchgeführt werden.

Auf die Oberfläche eines voremaillierten Werkstücks tragen Sie Haftmittel auf. Dazu benutzen Sie entweder die Sprühflasche oder den Pinsel, mit dem Sie zügig auftragen. Dann streuen Sie möglichst schnell eine Kontrastfarbe auf. Achten Sie aber darauf, daß diese aufgestreute Schicht nicht zu dick wird.

– Einfache Anwendungsform

Ritzen Sie mit einer Reißnadel ein Motiv aus der aufgestreuten Emailschicht heraus. Dabei wird das Emailpulver an den Rand der Ritzzeichnung gedrängt. Blasen Sie nun dieses »Randpulver« mit einem kleinen Luftsauger fort. Wenn das Haftmittel trocken ist, können Sie das Werkstück brennen. Dieser Vorgang läßt sich mit einer zweiten und dritten Emailfarbe wiederholen. Damit erzielen Sie recht interessante Farb- und Ornamentüberschneidungen.

– Zweite mögliche Anwendungsform

Tragen Sie auf Ihren Kupferrohling Haftmittel auf. Streuen Sie sofort Email (nicht zu dick!) auf und kratzen Sie mit einer Reißnadel ein Muster ein, so daß das Metall wieder sichtbar wird. Wenn Sie das Werkstück jetzt brennen, entstehen Oxidationslinien. Darüber streuen Sie nach dem Erkalten wieder transparentes Email. Diesen Prozeß aus Aufstreuen – Gravieren – Brennen können Sie mehrmals wiederholen.

Erproben Sie verschiedene Kombinationen! Versuchen Sie es einmal mit opakem Email!

Dekorschiebebilder und Transfer-Email

Transfer-Email und Dekorschiebebilder gibt es einfarbig und mehrfarbig, in Blumen- und Tiermotiven sowie in Schriftzügen. Sie werden im Siebdruckverfahren hergestellt und finden hauptsächlich bei der Dekorgestaltung in der Porzellanherstellung ihre Verwendung. In Emailwerkstätten kann man sie ebenfalls zur Dekoration für Schmuck und Gebrauchsgegenstände verwenden.

Dekorschiebebilder

Emaillieren Sie ein Werkstück in der bisher gewohnten Weise und achten Sie besonders auf eine glatte und saubere Oberfläche. Was die Farbgebung betrifft, sollten Sie entweder nur eine weiße Grundfarbe nehmen oder aber Pastelltöne bevorzugen.

Die Siebdruckbilder sind aus keramischer Überglasur hergestellt. Sie sind sehr dünn und befinden sich zwischen zwei Schutzschichten. Die Trägerschicht besteht aus Papier, die obere Schutzschicht aus durchsichtigem Kolophonium.

Um das Dekorbild von seiner Unterlage zu lösen, legen Sie es in Wasser. Nach wenigen Sekunden rollt es sich zusammen, und das Bild löst sich. Nehmen Sie dann mit einer Pinzette das Bild, das noch an der Kolophoniumschicht haftet, aus dem Wasser und fixieren Sie es auf Ihrem Werkstück. Drücken Sie anschließend behutsam mit einem Tuch Wasser und Luft aus dem Bild heraus, beginnen Sie dabei in der Mitte. Das glattgestrichene Bild muß nun mindestens vier bis fünf Stunden völlig austrocknen, am besten in Ofennähe (diesmal nicht auf dem Ofen, sonst geht der Trocknungsprozeß zu schnell vor sich, und das Bild schrumpft bis zur Unkenntlichkeit zusammen).

Nach der Trockenphase stellen Sie Ihre Arbeit in den geöffneten Ofen und lassen die Schutzschicht bei etwa 600° C bis 700° C langsam abdampfen. Beobachten Sie diesen Vorgang! Wenn die Kolophoniumschicht braun wird, sollte Sie das nicht ängstigen, denn dies ist ein normaler Vorgang. Sobald das Abbrennen vorüber ist, erkennt man das Bild wieder klar und deutlich. Jetzt heizen Sie den Ofen auf 850° C und brennen Ihr Werk etwa zwei Minuten. Den guten Endzustand erkennen Sie daran, daß das Bild glatt ist und glänzt.

134-136 Dekorschiebebild.
134 Das Dekorschiebebild wird im Wasser von seiner Trägerschicht befreit.

135 Es wird vorsichtig auf das voremaillierte Werkstück übertragen. Die Kolophoniumschicht muß oben sein!

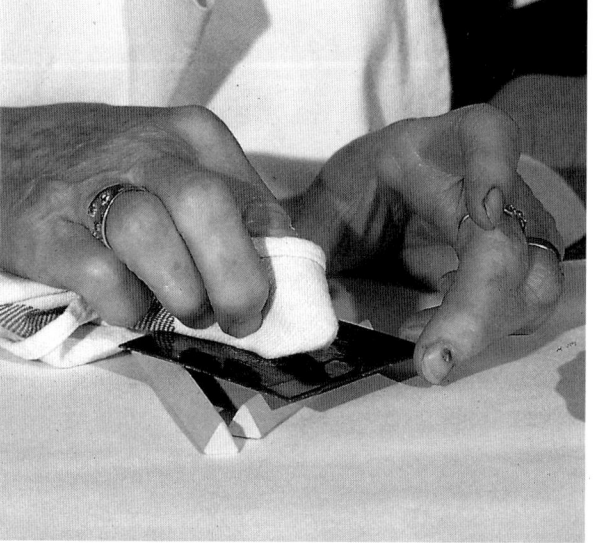

136 Mit einem Tuch werden Luft- und Wasserblasen entfernt.

137/138 Transfer-Email.
137 Auf einem mit Emailgrund vor-
gebrannten Werkstück können mehrere Brände mit Transfer-Email erfolgen.

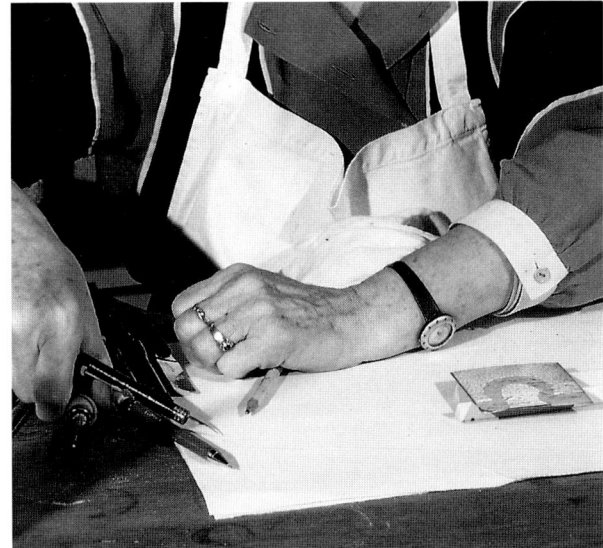

138 Ausschneiden des Motivs aus
Transfer-Email in einer Kontrastfarbe.

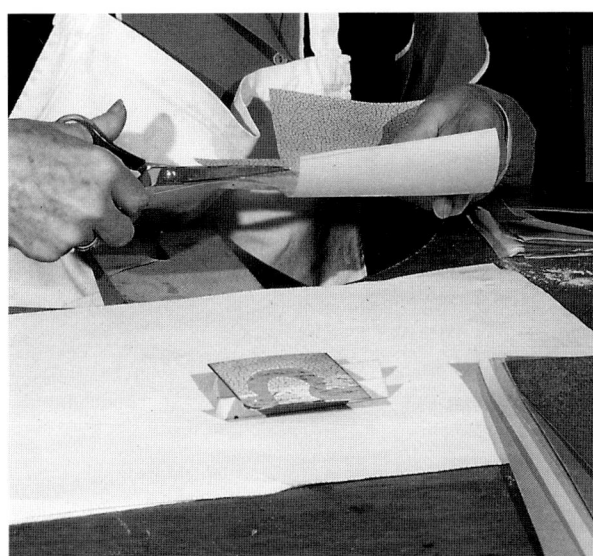

Transfer-Email

Sie können die unter dem Namen »Transfer-Email«
erhältlichen (auf Meta-Papier aufgezogenen) Emailschichten auch zur individuellen Gestaltung Ihres
Werkstücks einsetzen. Während Sie bei Schiebebildern mit vorgefertigtem Dekor arbeiten, sind Sie
beim Transfer-Email selbst der Gestalter der Oberfläche. Transfer-Email ist vor allem auch deswegen interessant, weil Sie auf der nach dem Trocknen festsitzen-
den Emailschicht noch Veränderungen vornehmen
können.

Dies kann folgendermaßen vor sich gehen: Überziehen Sie die ganze Fläche mit Porzellanfarbe, die mit
Wasser und einem Bindemittel (entweder Haftmittel,
Gummiarabicum oder Zucker) angesetzt wird. Tragen Sie diese dünn auf. Nun können Sie Ihre gewünschte Tonwertdifferenzierung durch vereinzeltes
Tupfen oder Herauswischen erreichen.

Besonders interessante Oberflächenstrukturen erhalten Sie, wenn Sie auf die getrocknete Oberfläche
gezielt Wassertropfen aufspritzen. Das führt dazu, daß
Bindemittel in die Randzonen der Tröpfchen wandert
und die Farbe dort partiell verfestigt. Nach dem Abtrocknen der Wassertropfen und beim Überwischen
der Überzugsfarbe (mit dem Daumen oder einem
weichen Borstenpinsel) werden die für dieses Verfahren typischen Oberflächenmuster erkennbar.

Kurt Eiselt

Arbeit mit Gold

Dekorschiebebilder gibt es auch in echt Gold. Der
Arbeits- und Brennvorgang ist der gleiche wie für die
oben beschriebenen Vielfarb-Dekorbilder und Trans-
fer-Emails. Für Goldauflagen sind die Grundfarben
Schwarz, Weiß, Dunkelblau opak und Rubinrot
transparent zu empfehlen.

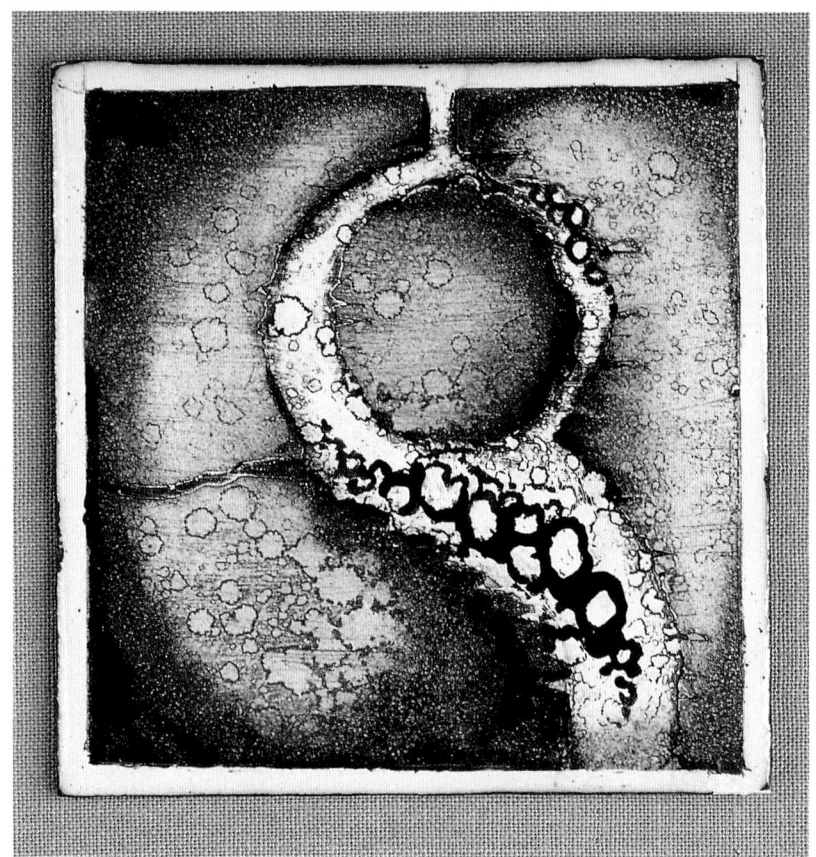

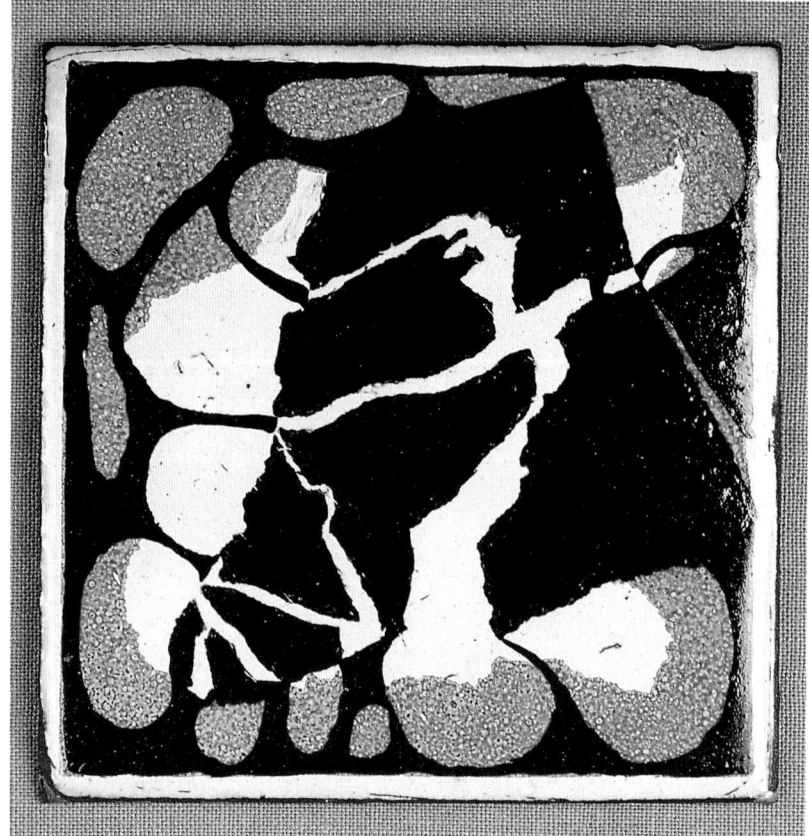

139-141 Gestaltungsbeispiele mit Transfer-Email von Kurt Eisel. Je 5×5 cm

142-145 Blattgoldschnitt.
142 Skizze für Blattgoldzuschnitte

143 Zum Ausschneiden der Quadrate sollten Sie Folie zwischen zwei Lagen Papier legen.

144 Übertragen der Zuschnitte.

145 Auffixieren mit Pinsel und Haftmittel.

Silber- und Blattgoldschnitt

Gold war das erste Metall, das die Menschen gestalten konnten. Die staunenswerten Werke der Frühzeit zeigen uns, zu welcher Meisterschaft die Künstler (Handwerker) im alten Ägypten, bei den Sumerern im Zweistromland oder bei den Skythen an der Donau gelangt waren. Gold war sowohl leicht zu bearbeiten als auch einer der kostbarsten Schätze der Erde.

In der Emailkunst sind Gold und Silber seit Jahrhunderten die Metalle, die zur Schaffung von außergewöhnlichen Stücken eingesetzt wurden. In der Emailtechnik unserer Tage verwendet man vornehmlich handgeschlagene Edelmetallfolien in den Ausformungen Gold 24 karätig, ff. Silber 1000/000, beide in Stärken von 0,01–0,05 mm.

Wenn Sie mit Blattgold (Blattsilber) arbeiten wollen, dann legen Sie es in ein gefaltetes Transparentpapier. Zeichnen Sie Ihr Motiv auf die Deckseite des Papiers und schneiden Sie es den Konturen gemäß mit einer guten Schere oder einem drehbaren Kugelkopfmesser aus.

Bereiten Sie Ihren voremaillierten Untergrund mit Haftmittel vor und legen Sie den Goldzuschnitt mit einem Pinsel auf die Fläche. Ihr Motiv läßt sich ganz leicht in die richtige Position schieben. Nachdem das Haftmittel abgetrocknet ist, können Sie das Motiv aufschmelzen.

Danach streuen Sie eine transparente Emailschicht dünn auf und brennen erneut. Sie können auf diese Art drei, vier oder mehr Schichten Emailfarbe in dünnen Lagen übereinanderschichten. Hier gilt die Regel:

Lieber drei- bis viermal dünn als einmal dick.

Dieser Aufbau ergibt ein Tiefreflex-Feueremail, ähnlich wie bei der Farbschichtung (s. S. 47).

Über diese Grundtechnik hinaus können Sie Ihre Erfahrung mit Blattgold (-silber) beim Cloisonné (s. S. 65) anwenden, indem Sie Goldfolienzuschnitte in die einzelnen Zellen einlegen.

Ebenso können Sie aus den Edelmetallfolien Paillons zuschneiden oder ausstanzen (s. S. 63). Diese lassen sich auf der Rückseite vorsichtig von Hand prägen.

Zur Flächengestaltung gibt es hauchdünne Gold- und Silberauflagen auf Transfer-Papier. Sie können sie folgendermaßen verwenden:

Auf einen gebrannten Emailgrund tragen Sie Haftmittel auf und legen die Gold- oder Silberfolie über die ganze Fläche, wobei das Gold (Silber) noch am Trägerpapier haftet. Durch leichten Druck läßt es sich

53

ablösen. Bei kurzem Einbrand bleibt die Edelmetalldecke geschlossen, bei längerem Brand bilden sich feine Haarrisse und Netzverbindung, die dem Werk ein gediegenes Aussehen geben. Bei höherem und längerem Brand bricht die Gold- oder Silberfläche auf, und der Emailgrund wirkt dominierend. Dieser Effekt ist besonders wirkungsvoll, wenn Sie als Emailgrund folgende Farben verwenden:

Rubinrot	Transparent	Weiß	Opak
Kobaltblau	Transparent	Schwarz	Opak
Amethyst	Transparent	Braun	Opak

146-148 Aufkaschiertes Blattgold (146) wird mit Zwischenlage-Papier auf die bereits emaillierte Platte gelegt (147). Das Schutzpapier wird dann vorsichtig abgehoben (148).

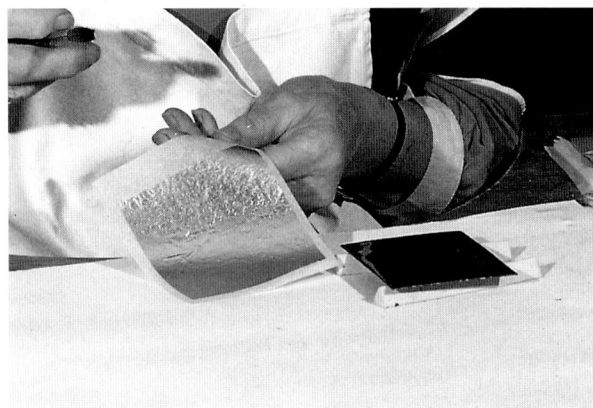

146 △

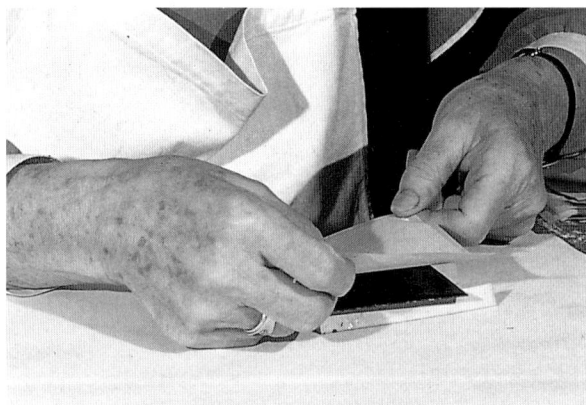

147 △

148 ▽

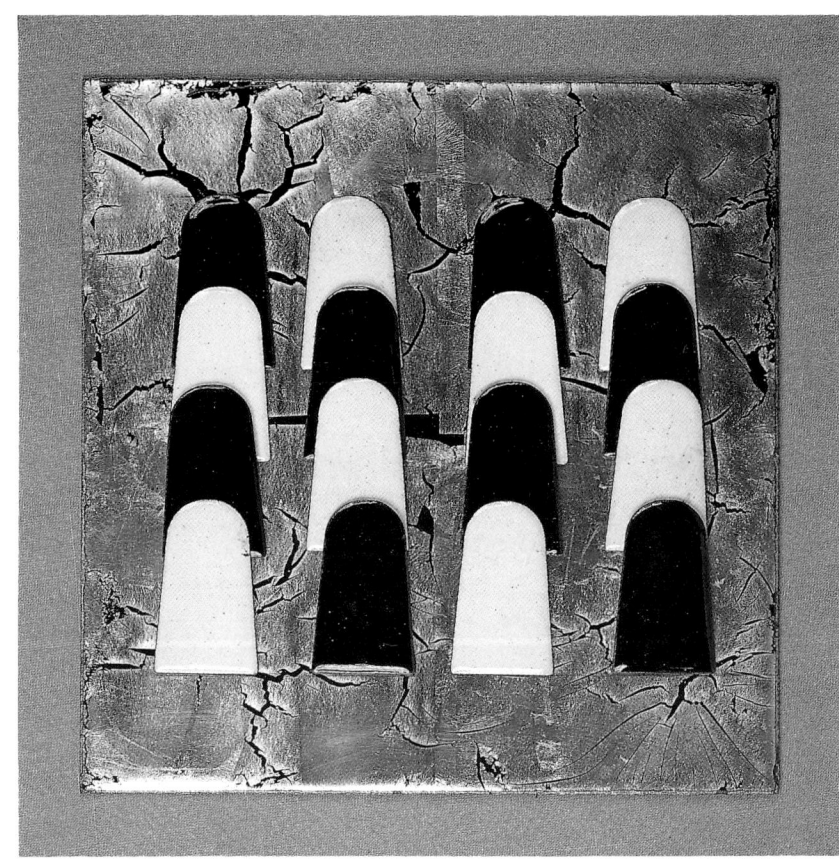

149 Der Untergrund ist schwarz und mit Blattgold eingebrannt worden. Die Kupferzuschnitte sind schwarz und weiß emailliert und aufmontiert.

150 △   152 ▽   151 △   153 ▽

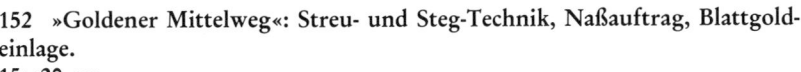

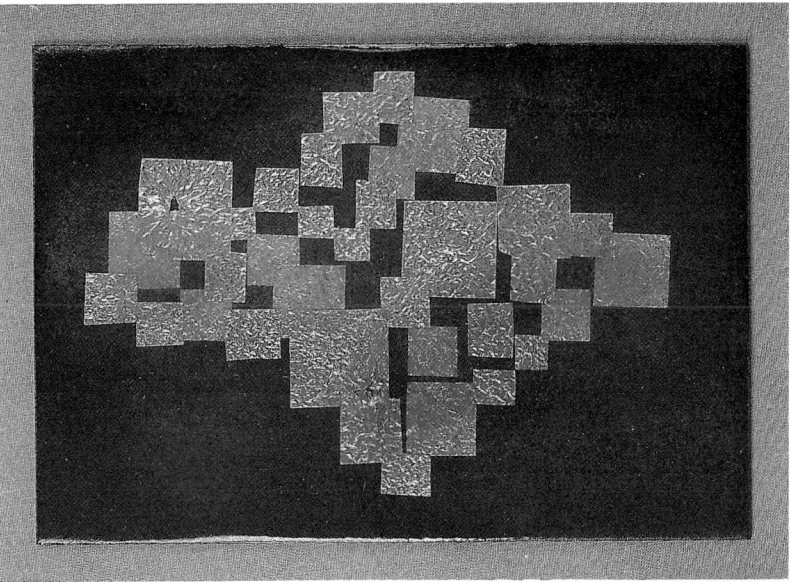

152 »Goldener Mittelweg«: Streu- und Steg-Technik, Naßauftrag, Blattgold-einlage.
15×20 cm

150/151/153 Verschiedene Blattsilberzuschnitte sind auf die voremaillierte Grundplatte aufgetragen, aufemailliert und mit transparenter Emailschicht überzogen worden.
15×20 cm

Stegemail

Früher sagte man auch Drahtemail zu dieser Sonderform des Cloisonné (s. S. 65). Stegemail ist eine sehr alte Form der Emailkunst, die bereits zur Zeit Karls des Großen in hohem Ansehen stand. Bei den Byzantinern waren meisterliche Höchstleistungen anzutreffen. Heute wird diese Technik wieder in abgewandelter Form praktiziert: Während man früher die (Gold-, Silber-)Metallstege auflötete, werden sie heute aufgeschmolzen.

Für die Arbeit mit Stegemail brauchen wir Flachdraht in Kupfer, Silber oder Gold. Flachdraht gibt es in verschiedenen Abmessungen, etwa 0,2 × 0,6; 0,3 × 0,8; 0,5 × 1,0 mm. Andere Stärken kann man sich nach Bedarf ziehen lassen.

Bedenken Sie vor Beginn der Arbeit:

– Eine gute Stegemail-Arbeit setzt immer einen guten Entwurf (1:1) voraus
– Flachdraht hat seine Tücken. Da die Motive meist geschwungen, abgerundet oder winkelförmig angelegt sind, hat der flache Stegdraht nur eine ganz schmale Auflage (0,2, 0,3 oder 0,5 mm). Gerade Drahtstücke bleiben nicht hochkant stehen

– Machen Sie zuerst eine Übungsarbeit!

Mit einer Rund- oder Flachzange (je nach Motiv) biegen Sie ein einfaches Steggebilde, etwa eine Spirale. Achten Sie darauf, daß es nie Überschneidungen gibt. Legen Sie das Motiv auf ein voremailliertes Werkstück und schmelzen Sie es auf. Damit Ihnen das Motiv nicht wegrutscht, können Sie es vor dem Brand mit Haftmittel arretieren. Diese Übungsarbeit sollten Sie noch nicht mit Emailfarbe ausfüllen.

Wenn Sie diese Technik beherrschen, können Sie mit einer echten Stegemail-Arbeit beginnen. Verwenden Sie beispielsweise als Träger eine Kupferplatte von 100 × 150 mm Größe, dann zeichnen Sie zunächst den Umriß auf Papier; anschließend zeichnen Sie das zu biegende Motiv. Der Draht wird mit Hand und Zange den aufgezeichneten Linien entsprechend gebogen.

Plazieren Sie jetzt die Motivstege sorgfältig auf der gereinigten Kupferplatte. Achten Sie darauf, daß die Stege sich gut zur Zellenbildung zusammenschließen. Dann streuen Sie langsam und gleichmäßig Fondant über die ganze Fläche und brennen diese erste Emailschicht mit den Stegen ein. Daraufhin wird die Rückseite emailliert. Nach dem Abkühlen wird das Werkstück gut unter fließendem Wasser abgebürstet, damit kein Zunder am Draht haften bleibt (evtl. mit der Drahtbürste oder dem Dreikantschaber reinigen).

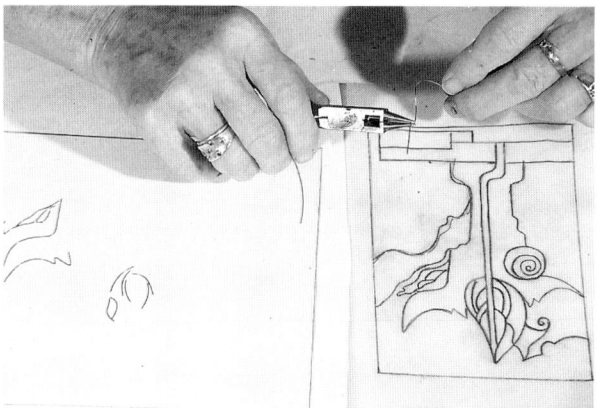

154-157 Stegemail.
154 Nach einer Skizze wird Kupferflachdraht (0,3 × 0,6 mm) zu einem Motiv gebogen.

155 Der Draht wird auf den gereinigten Rohling aufgelegt.

156 Es wird Fondant aufgestreut und die Kupferstege eingebrannt. Die einzelnen Zellen mit Naßemail auffüllen und einbrennen.

157 Fertiges, nach der Vorlage gearbeitetes Werkstück.

158/159 Naive Bildgestaltung in Stegarbeit nach eigenem Entwurf von Burkhard Fischer.
Je 20 × 21 cm ▷

160 »Straße der Harmonie«, symbolische Darstellung in Schablonen- und Stegdraht-Technik, Entwurf und Ausführung von Stefan Hinzmann.
15 × 20 cm ▷

158 △

159 △   160 ▽

161 Streu- und Stegdraht-Technik für dieses Marienbildnis von Herrmann Mathes.
32×48 cm

162 Stegemail und Streu-Technik.
20×30 cm

163 »Sieben Pappeln« von Dorothee Corvers. Stegemail und Blattsilber.
15×7 cm

Sie haben sicher schon beim Entwurf Ihre Farbvorstellungen entwickelt. Dementsprechend füllen Sie nun die Zellen mit Emailfarbe. Dazu rühren Sie die verschiedenen Farben mit destilliertem Wasser zu einem Brei an. Der Auftrag in die einzelnen Zellen erfolgt am besten mit einem Spatel und einem Pinsel. Klopfen Sie ab und zu an die Rückseite des Werkstücks. Dadurch verteilt sich das Email, und das Wasser setzt sich ab. Außerdem erhalten Sie eine ebene Oberfläche. Wenn das Wasser abgetrocknet ist, erfolgt der Einbrand.

Nach dem Brand werden Sie sehen, daß die Zellen ungleich gefüllt sind. Das liegt daran, daß das Wasser verdunstete und die einzelnen Farben unterschiedliche Dichte haben. Tragen Sie also Farben nach, wenn Sie eine ebene Emailfläche wollen oder belassen Sie es bei einem reliefartigen Zellenschmelz.

Eine zweite Art, die Stege einzubrennen, ist folgende:

Brennen Sie zunächst eine dünne Fondantschicht auf die Kupferplatte. Streuen Sie danach eine zweite dünne Schicht auf und legen Sie die Stegdrähte in diese Schicht. Das zweite Aufstreuen soll verhindern, daß die Drähte verrutschen. Unter dem Stegdraht ist also bereits eine Emailschicht. Das hat den Vorteil, daß die oft sichtbaren Zunderflecken unterbunden werden. Das sollte Ihnen die Mehrarbeit eines weiteren Brennganges wert sein.

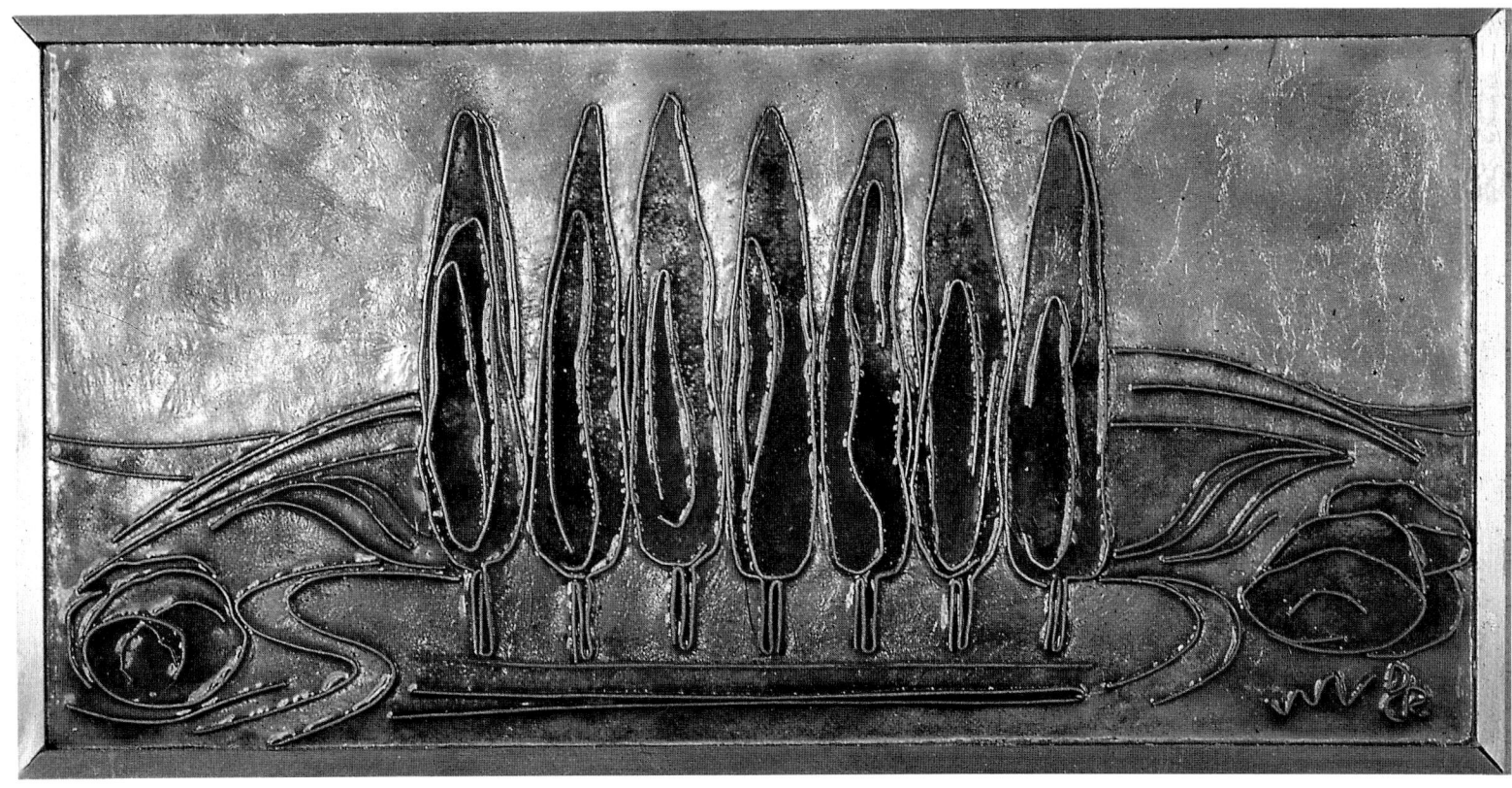

164 Mandala »Japan«. Zur Anwendung kamen die Streu- und Stegdraht-Technik sowie Blattgold.
⌀ 50 cm (Segmente)

165 Mandala »Mädchenbaum«.
Streu- und Stegdraht-Technik, Blattsilber und Blattgold.
⌀ 50 cm (Segmente)

Oxid, Glühhaut, Zunder

Abfallverwertung ist ein typisches Wort unserer Zeit. Die Emailkünstler mußten nicht erst von den Collagisten oder Materialkünstlern lernen, daß man aus Abfall Kunst machen kann. Diese Erkenntnis war ihnen bei der Arbeit am Ofen schon längst zuteil geworden.

Wenn Sie Kupfer bei 400° C bis 500° C ausglühen, entsteht ein Oxid. Sie erkennen es daran, daß die Oberfläche dunkel wird. Erhitzen Sie das Kupfer auf 600° C bis 700° C, dann zieht sich eine Glühhaut über die ganze Fläche. Wenn Sie mit reinem Elektrolytkupfer arbeiten, löst sich diese Glühhaut in der gleichen Form, die der Kupferträger hat, ab.

Zunder ist eine Oxidablage, die sich während des Brennprozesses bei hohen Temperaturen auf dem Metall bildet. Diese Oxide lösen sich meist in Flockenform ab. Glühhaut und Zunderflocken (also im eigentlichen Sinn Abfall) eignen sich hervorragend zur Oberflächengestaltung. Sie können sie sammeln und in einem Behältnis für ihren Einsatz aufbewahren.

Bevor Sie selber mit diesen Abfallprodukten experimentieren, schlage ich Ihnen folgende Möglichkeiten vor:

– Ordnen Sie auf einer emaillierten Platte Zunderflocken flächig oder linear an. Streuen Sie darüber mehrere Schichten transparenter Emailfarben und brennen Sie sie bei hoher Temperatur ein. Die Zunderflocken sind durch ihre ungleichen Formen und die verschiedenen Farbgebungen unter der transparenten Emailschicht als »abstrakte« Formenspiele zu sehen.

– Wenn Sie zuerst die Rückseite eines Werkstücks emaillieren (etwa bei Gegenemail), erscheinen auf der Vorderseite mitunter so interessante Oxid-Zunder-Muster, daß es lohnt, diese in die Flächengestaltung einzubeziehen. Streuen Sie über die Brennkruste in Farbabstufungen Gold- und Brauntöne. Sie werden nach dem Brand über den Effekt staunen. Selbstredend können Sie auch transparente Blau-, Rot- und Grüntöne verwenden. Nur sollten Sie dann als erste Schicht Fondant auftragen.

– Eine weitere empfehlenswerte Anwendung: Zeichnen Sie ein Motiv mit Haftmittel auf die gereinigte Kupferplatte und streuen Sie sofort eine Emailschicht auf. Lassen Sie etwas einziehen und schütteln Sie dann das trockene Email ab. Nach dem Abtrocknen des Haftmittels können Sie brennen. An den freigebliebenen Kupferflächen hat sich nun mehr oder weniger

166 Schale in Farbkomposition. Handgeformt, Streu- und Oxid-Technik.
⌀ 18 cm, Höhe 4 cm

Zunder gebildet. Ohne die Flächen von diesem Zunder zu reinigen, streuen Sie eine transparente Emailschicht über die ganze Fläche und brennen bei hoher Temperatur. Lassen Sie sich von dem Ergebnis des Zusammenspiels aus Abfall, Farbe und Temperatur überraschen!

Paillons

Paillons sind aus Gold gestanzte oder geprägte kleine Kostbarkeiten. Sie werden hauptsächlich in der Goldschmiedearbeit und beim Anfertigen sakraler Gegenstände eingesetzt. Da die Arbeit mit dieser im 18. Jahrhundert in Frankreich entstandenen Technik sehr einfach ist und zu außerordentlich schönen (und auch wertvollen) Ergebnissen führt, möchte ich sie hier anführen.

Wie immer wird eine Grundfarbe auf das Trägermetall aufgebrannt. Darauf legen Sie die Paillons, indem Sie sie mit dem in Haftmittel befeuchteten Pinsel aufnehmen und an der vorgedachten Stelle auf dem Werkstück fixieren. Nun können Sie die Paillons einbrennen. Sie eignen sich sowohl für das Aufschmelz- als auch das Unterschmelzverfahren.

Sehr schön wirken die Ornamente auf Rubinrot, Blau- oder Grün-Transparentfarben. Paillons kommen als Einzelstück wie auch in der Anordnung mehrerer zu einem Motiv (z. B. Mäander o. ä.) gut zur Geltung. Wer individuell geformte Paillons verwenden möchte, kann diese in feinster Kleinarbeit aus Goldblech ausschneiden (s. auch Silber- und Blattgoldschnitt).

167 Versilberte Emaildose, gestaltet von einer japanischen Künstlerin in anspruchsvollem Naßauftrag. Handgeschlagenes Blattsilber wurde einemailliert.
⌀ 11,5 cm, Höhe 6 cm

168a   Anhänger aus Silber, gegossen, Naßauftrag, mit vier Opalen.
30×55 mm

168b   Schmetterlingsbrosche aus Silber, gegossen, Cloisonné, mit Tigerauge.
Beide Objekte entworfen und ausgeführt von Matthias Helbig.
38×22 mm

TECHNIKEN FÜR FORTGESCHRITTENE

Cloisonné

Welcher Kunstfreund hat nicht schon staunend vor den großen Schreinen des Mittelalters gestanden, hat sich in die Feinheit der Gestaltung und Farbgebung der Emailarbeiten an ihren Seiten versenkt und sich gefragt, wie die meist unbekannten Künstler dieser Zeit so viel Geduld, Sorgfalt und Kunstfertigkeit aufbringen konnten. Sie hatten weder unsere Werkzeuge noch unsere technischen Hilfsmittel, und doch schufen sie Werke, die in ihrer Aussage die Jahrhunderte überdauerten. Viele weltbekannte Schätze aus dem Rhein-Maas-Kreis, aus Frankreich, Byzanz und China sind in der Technik des Cloisonné ausgeführt. Heute kommen die schönsten Arbeiten in kaum vorstellbarer Perfektion aus den Werkstätten Japans und Chinas, wo noch weitgehend manuell gearbeitet wird.

Stegemail – Zellenschmelz – Cloisonné: Die Differenzierung liegt in der Steigerung der Ansprüche und der Arbeitsgänge:

Cloisonné (auch Byzantiner Email genannt) setzt nicht nur die Bereitschaft zu sorgfältiger Arbeit voraus, es verpflichtet den, der sich mit ihm befaßt, auch der großen Tradition dieser Technik. Während man beim Stegemail Windungen, Ornamente und Figürliches (noch) großzügig und relativ leicht und frei bie-

169 Cloisonné.
10×15 cm

170 Cloisonné, mattgeschliffen.
10×15 cm

gen kann, sollte man beim Cloisonné mit viel Liebe zum Detail, mit Zeit und Exaktheit, arbeiten. Können Sie beim Stegemail den unregelmäßigen Farbschmelz als reliefartiges Ausdrucksmittel belassen, so beginnen Sie beim Cloisonné in dieser Phase mit dem Aufbau Ihres Werkstücks:

Schmelzen Sie die nach Ihrem Entwurf geformten Kupfer- oder Silberstege mit Fondant auf den Träger auf. Nach dem Brennen müssen Sie sorgfältig reinigen, damit keine Zunderflöckchen zurückbleiben. Dann bringen Sie die Farben mit Pinsel und Spatel in die Zellen ein. Benutzen Sie nur ausgeschlämmte Farben, die mit etwas Haftmittel oder destilliertem Wasser angerührt sind. Es versteht sich inzwischen von selbst, daß Sie auf gute Farbabstufungen achten. Lassen Sie die Farben unbedingt vollkommen austrocknen, sonst können später Wasserränder sichtbar werden.

Achten Sie beim Brennen darauf, daß Sie die Brenntemperatur so niedrig wie möglich halten, denn evtl. sind verschiedene Zellen mehrfach nachzufüllen und immer wieder neu zu brennen. Bei zu hohen Temperaturen wird die Zunderbildung an den Stegen zu stark, auch können sich Poren bilden.

Bei jedem Brennvorgang verlieren die Emails unterschiedlich an Volumen. Tragen Sie darum so lange Farben in die einzelnen Zellen ein (und zwar bis zur Oberkante der Stege), bis eine völlig eben gebrannte Emailschicht erreicht ist. Mit einer feinen Karborundfeile schleifen Sie unter Wasser die Oberfläche plan, waschen sorgfältig die Schleifrückstände ab und setzen dann Ihre Arbeit zum End- und Glanzbrand in den Ofen.

Cloisonné, mattgeschliffen

Kunst und Können gehören nach einer uralten Redensart zusammen. Können erwirbt man durch Tun und fortwährendes Experimentieren, durch Geduld mit sich selber und durch Mut zum Neuanfang.

Mattschleifen ist zeitaufwendig und geschieht in mehreren Arbeitsstufen:

Die exakt ausgefüllten Zellen bilden eine ebene Emailfläche. Diese wird nun mit einer Karborundfeile mittlerer Körnung (am besten auf einer festliegenden Unterlage) *naß* mattgeschliffen. Schleifen Sie gleichmäßig mit mäßigem Druck und in kreisenden Bewegungen, damit keine zu groben Schleifspuren auf der Emailoberfläche entstehen. Sie tragen bei diesem Vorgang sowohl Email als Metall ab. Folglich müssen Sie die Schleifreste (am besten mit einer Glasbürste) sorgfältig abwaschen.

◁ 171/172 Zwei Cloisonné-Motive, mattgeschliffen.
Je 10×15 cm

Zur nächstfeineren Bearbeitung nehmen Sie eine Karborundfeile feiner Körnung und schleifen vorsichtig mit Wasser so lange, bis das Email vollkommen plan und matt ist. Um auch hier wieder die Schleifreste rückstandslos zu beseitigen, bürsten Sie die Oberfläche unter fließendem Wasser sorgfältig rein. Sollten noch feine Schleifkratzer zu sehen sein, dann sind diese mit feinstem Naß-Schleifpapier oder einer Poliermaschine und Polierrot zu entfernen.

Um einen sowohl sichtbaren wie fühlbaren Seidenmattglanz zu erhalten, können Sie ein denkbar einfaches Mittel anwenden. Nehmen Sie einige Tropfen Bienenwachs (von einer Kerze) oder tragen Sie ein wenig Antik-Wachs auf die Oberfläche auf. Stellen Sie dann Ihre Arbeit *auf* den Ofen, damit das Wachs gleichmäßig in die aufgeschliffenen Poren eindringen kann und so eine geschlossene Wachsschicht bildet.

Nach dem völligen Erkalten können Sie die hauchdünne Wachsschicht polieren. Das Ergebnis ist eine wunderschöne, seidenmatte Emailarbeit. Um diese in ganzer Vollkommenheit auszuführen, sind viel Geduld und Erfahrung vonnöten.

Mein Vorschlag: Für »eilige Künstler« gibt es eine wesentlich einfachere Methode, Mattglanz zu erzeugen. Von der Glasbearbeitung her sind Ätz-Flußmittel bekannt, die aufgetragen werden können, um eine Fläche zu mattieren. Das Endergebnis ist aber keineswegs mit dem Mattschleifen von Hand zu vergleichen. Einige Emailfarben verlieren zudem beim Mattätzen ihren eigentlichen Farbton und werden trüb. Wenn Sie vorhaben, nur einige Linien oder Stellen der Oberfläche zu mattieren, können Sie eine biegsame Welle (wie sie der Zahnarzt benutzt) oder ein Elektrogravur-Gerät mit Schleifkörper einsetzen. Beide Geräte sind auch zum Reinigen der Stege und Metallkanten gut brauchbar.

173 Gestanzte, emaillierte Metallformen, auf eine vorbereitete Grundplatte aufgeschmolzen (Ausschnitt).

Metallteile

Unsere Zeit liebt die Kontraste. Auffälliges steht neben betont Einfachem, laute Farben schaffen unübersehbare Blickpunkte. Auffallen um jeden Preis gilt als modern. Kontrapunkte sind ein alterprobtes Stilmittel, nicht nur in der Musik. Wenn wir also in diesem Kapitel vorschlagen, Metallteile als Elemente der Bildkomposition zu verwenden, macht das Sinn, wenn Nägel, Nieten und/oder Abfallteile sparsam und behutsam eingesetzt werden, um einige sorgsam überlegte Akzente zu setzen. Das Metall darf in keinem Fall das Bild dominieren. Überlegen Sie also vor Beginn Ihrer Arbeit, wie und in welcher Form Sie Metallteile als Gestaltungselemente einsetzen wollen.

Voraussetzung für das Gelingen Ihrer Arbeit ist ein stark gegenemaillierter Träger. Die Metallteile werden auf die vorbestreute Oberfläche aufgelegt und können in einem Arbeitsgang gebrannt werden. Es lassen sich aber auch Metallteile voremaillieren und in einem zweiten (dritten) Arbeitsgang einer Emailarbeit zuordnen.

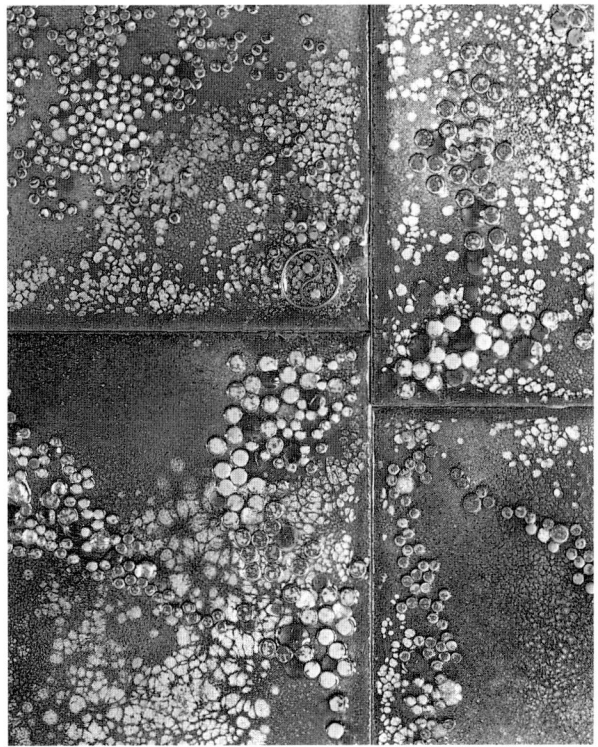

174 Kupferzuschnitte mit Streu- und Quarzsand-Technik: Seelandschaft, gebildet aus Quarzsandsteinen und einer Muschel-Collage.
20×30 cm

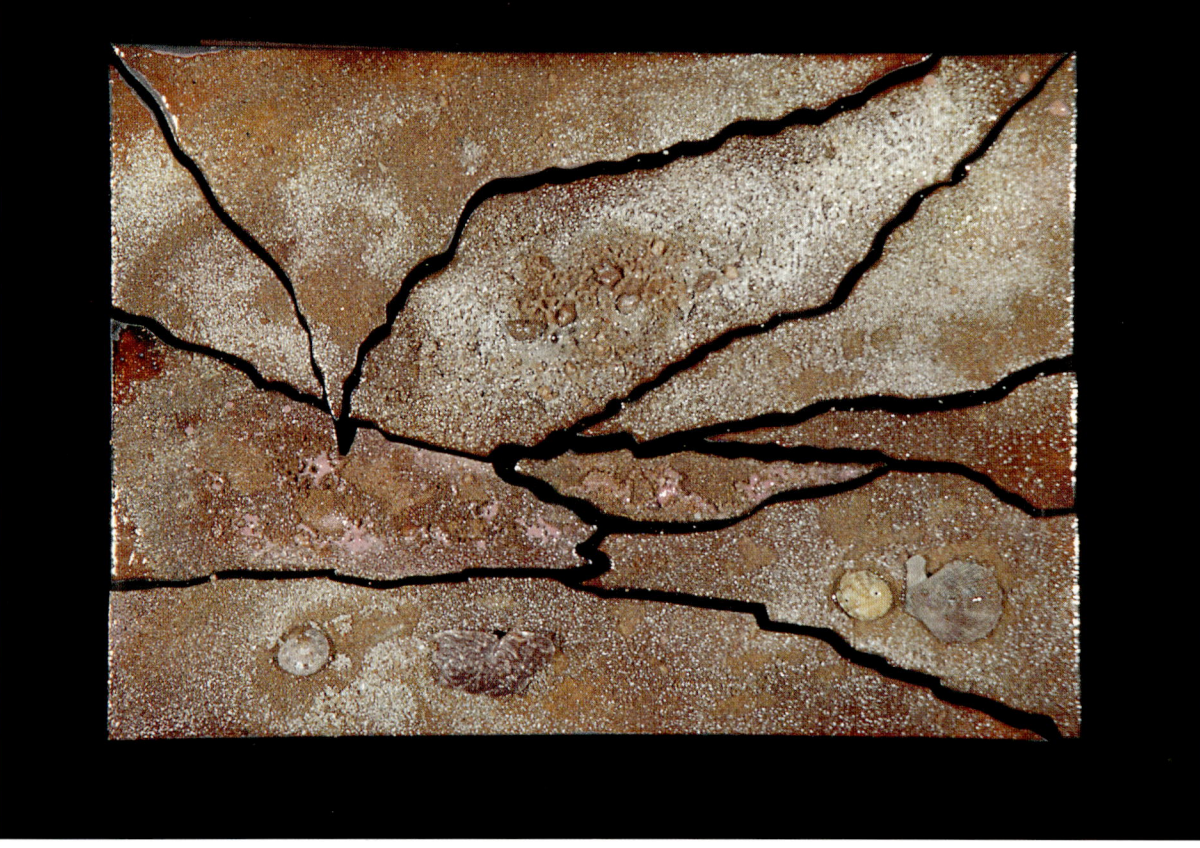

175 Darstellung »Gerissene Erde«. Die gleichen Zuschnitte wie (174), seitenverkehrt gesetzt.
20×30 cm

Quarzsand

»... wie Sand am Meer.« Mehr können wir über eine Menge kaum aussagen. Sand als Bild der Menge. Sand als Bild der Vergänglichkeit, Sand als Bild unsicheren Bodens ... Sprechen Sie einmal mit einem Geologen über Sand. Spätestens dann erfahren Sie, daß es Sande aller Art gibt. Sicher haben Sie schon einmal schwarzen Lava-Sand gesehen oder hellen Quarzsand, der fast weiß erscheint. Dazwischen liegen so gut wie alle Farbstufen: es gibt sogar Grünsande. Und da Sand das Basismaterial für die Glasgewinnung ist, liegt es nahe, ihn auch bei der Emailarbeit einzusetzen. Wenn Sie also bei einer Ihrer Wanderungen wieder einmal an einer Sandgrube vorbeikommen, nehmen Sie eine Probe für Ihre Materialsammlung mit.

Quarzsand als Gestaltungsmittel erfordert einige Vorüberlegungen. Es ist leicht vorstellbar, daß er sich kaum als Material für den Zellenschmelz eignet. Eher sind ihm die großflächigen landschaftsähnlichen Formen eigen oder die freie Komposition fern eines naturalistischen Inhalts. Sie haben sich also vor Beginn der Arbeit schon in Gedanken ein Bild gemacht, das vom Sand mitgeprägt wird.

Vor Beginn der Vorderseitenarbeit müssen Sie unbedingt gegenemaillieren. Mischen Sie dann einen kleinen Anteil Fondant unter den Sand; das vergrößert die Haftfähigkeit. Sie können aber auch eine andere Emailfarbe untermischen, wenn es sich farblich Ihrer Komposition einfügt. Streuen Sie die Mischung auf Ihr Werkstück und brennen Sie bei etwa 800° C bis 850° C. Diesen Sandauftrag können Sie mehrmals wiederholen. Sie erreichen durch wiederholten Brand eine bessere Oberflächenstruktur. Nach jedem Brand wird etwas Sand von der Platte abfallen – das schadet der Struktur keineswegs, im Gegenteil. Denken Sie doch einmal darüber nach, wie Sie Quarzsand als reliefbildendes Material einsetzen können!

Quarzsteine

Sandkörner sind kleine Kristalle. Gelegentlich sieht man sie in der Sonne aufblitzen. Quarzkristalle sind – wenn sie in größeren Ausprägungen auftreten – wunderschöne Steine, die in den Bereich der Edelsteine und Halbedelsteine gehören. Quarz (SiO_2) ist eines der häufigsten Mineralien der Erde und tritt in einer Vielzahl von Varietäten auf. Besonders bekannt und für die Emailarbeit verwendbar sind Schmucksteine wie Achat, Amethyst, Bergkristall, Chalcedon, Jaspis und Karneol. Da sie in ihrer Substanz sehr ähnliche Qualitäten wie die Glasfritten haben, kann man sie in der Emailkunst als zusätzlichen Schmuck aufschmelzen, ob mit oder ohne Fassung. Die perfekte Steinfassung bleibt natürlich dem Goldschmied vorbehalten. Der Laie kann jedoch mit Kupfer- und Silberstreifen Fassungen herstellen, in die er Edelsteine einlegen und auf die Emailfläche aufschmelzen kann.

Schneiden Sie zunächst aus dünnem Silber- oder Kupferblech schmale Streifen, die fast so hoch sind wie der Stein, den Sie verarbeiten wollen. Legen Sie den Streifen dann ganz eng um die Form des Steines. Achten Sie darauf, daß Anfang und Ende gut zusammenschließen (wie beim Stegemail, eventuell müssen Sie die Streifen zurechtfeilen). Schneiden Sie danach den zur Fassung gebogenen Streifen ab. Auf einen voremaillierten Grund streuen Sie nun eine zweite Schicht *weiches* Email auf. Legen Sie den Stein mit der Fassung auf die Emailfläche und brennen Sie bei maximal 750° C.

Je nach Zusammensetzung haben die Quarzsteine unterschiedliche Brennintervalle, ebenso wie Glassteine, die Sie nach der gleichen Methode aufbrennen können. Glas wird bei etwa 950° C flüssig und versinkt im Emailgrund, während echte Quarzsteine bei dieser Temperatur explosionsartig reißen und dadurch eine interessante Relief-Kraterwirkung haben. Selbstverständlich können Sie Quarz- und Glassteine auch ohne Fassung auflegen. Denken Sie daran, daß Sie den Brennvorgang beeinflussen und dadurch erreichen können, daß die Steine entweder auf- oder eingeschmolzen werden. Ihrem Erfindungsgeist sind auch hier kaum Grenzen gesetzt.

Glassteine

Die Anfänge der Glasherstellung liegen tief im Dunkel der Frühzeit. Die ersten überlieferten Berichte über Glasherstellung stammen aus der Zeit des 17. Jahrhunderts v. Chr. aus Mesopotamien. Aber die ersten Glaserzeugnisse haben ihre Heimat in Ägypten, wo schon aus der Zeit um 4000 v. Chr. Glasperlen und glasartige Glasuren auf Steinperlen nachgewiesen sind. Die ältesten bekannten Glasgefäße wurden in Ägypten schon um 1500 v. Chr. hergestellt, sie waren eine seltene Kostbarkeit. Glas und Email entstammen der gleichen Grundsubstanz, können also problemlos miteinander verschmolzen werden. Das hatten schon die Ägypter erkannt, bei denen beide Künste Hand in Hand gingen.

Glassteine können trotz ihres geringen Materialwerts eine Emailarbeit aufwerten, wenn sie sparsam eingesetzt werden und sich harmonisch in das Gesamtwerk einfügen. Sie können bei vielen Techniken ergänzend eingesetzt werden, sei es bei der einfachen Streu-Technik oder beim anspruchsvollen Cloisonné, wo vereinzelt Glasperlen oder Glassteine in die entstandenen Zellen eingelegt werden.

Machen Sie aber in jedem Fall zuerst einen Entwurf und denken Sie daran, daß ein einzelner Stein wirkungsvoller sein kann als eine mit Steinen voll ausgelegte Fläche. Es ist natürlich durchaus möglich, eine große Glassteinfläche zu gestalten, aber letztlich ist die Wirkung des Ganzen in Farbe und Komposition entscheidend für Ihr Werk. Wahllos und in großer Menge aufgestreute Glassteine wirken leicht dilettantisch.

Vergessen Sie nicht, Ihre Arbeit zuerst mit Gegenemail zu brennen, sonst lösen sich später die Glassteine infolge der zu hohen Spannung im Material ab. Lassen Sie darum auch Ihr Werkstück in Ofennähe langsam auskühlen. Bekanntlich läßt sich auch die Oberflächenstruktur beeinflussen, indem man den Brennvorgang steuert. Ferner können Sie die Glassteine mit einer einfachen Fassung versehen und aufschmelzen.

179-181 Aquarell-Technik.
179 Anrühren der Emailfarben mit
Sandelholzöl.

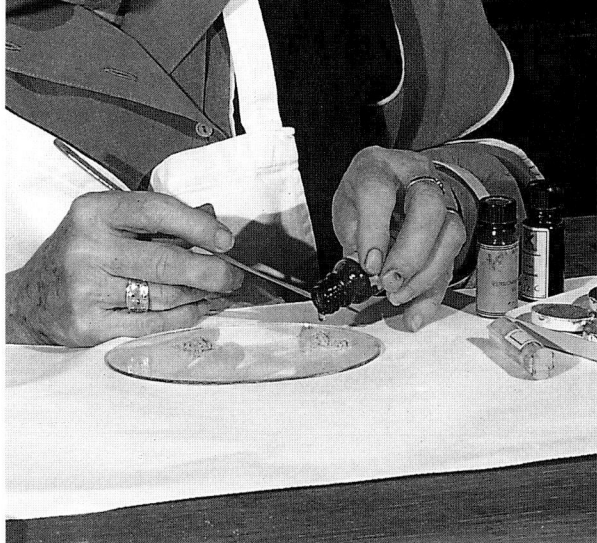

180 Anlegen des Motivs.

181 Aus- und Übereinandermalen in
Aquarell-Technik.

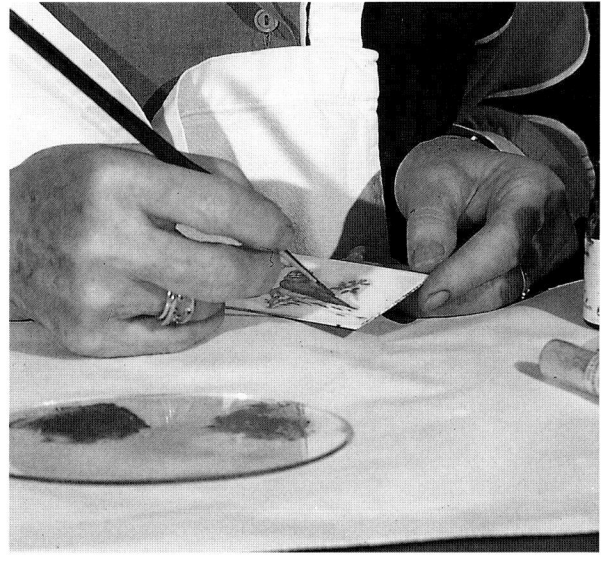

Aquarell-Technik

Aquarellmalerei geschieht mit wasserlöslichen Lasurfarben auf Papier (Seide, Elfenbein, Holz ...). Die Farben werden mit einem feinen Pinsel oder Schwamm aufgetragen. Typisch für die Aquarellmalerei ist, daß der Grund durchscheint und so den Eindruck des Zarten, Feinen und Durchsichtigen hervorruft. Die Aquarellmalerei ist beinahe so alt wie die Malkunst selber. Schon in den Totenbüchern der Ägypter finden wir sie seit dem 2. Jahrtausend v. Chr. Dem Emailkünstler bietet die Aquarell-Technik die Möglichkeit, die Zartheit und Feinheit eines Aquarellbildes auch in seinem Material anzuwenden und dabei Gesehenes oder Empfundenes frei zu gestalten und dauerhaft festzuhalten.

Für Ihre Aquarellmalerei mit Email bereiten Sie eine kleine oder großformatige (dann aber gegenemaillierte) Kupferplatte vor. Die Bildseite bekommt einen pastellfarbenen Grund. Nehmen Sie dazu entweder gebrochenes Weiß, Elfenbein, Rosé oder ein zartes Hellblau (opak). Sehr gut eignen sich auch Fondant oder Kupfergelb (transparent) als Emailgrund.

Zum Malen verwenden Sie entweder

– Von Hand feinstgeriebenes Email, das mit Haftmittel angerührt wird und sich zum Lasurauftrag eignet oder
– Emailfarben, die mit Sandelholzöl malfähig angesetzt werden. Sie haben den Vorteil, daß sich die Farben im Lasurverfahren ganz dünn auftragen lassen.

Im Gegensatz zur Aquarellmalerei auf Papier haben Sie beim Emailgrund die Möglichkeit, Farben, die nicht in das Gesamtbild passen, vor dem Brennen wegzuwischen und neu zu setzen. Das Bild wird vom Hintergrund aus angelegt. Tragen Sie dazu die Lasurfarben mit einem Schwamm auf. Das ergibt sehr interessante Zufallsstrukturen. In diese können Sie nachträglich hineinmalen oder wegwischen, was Ihnen nicht zusagt. Einen ansprechenden Hintergrund erzielen Sie auch durch Farbabstufungen. Jeder Farbauftrag – auch bei Farbschichtung – sollte so dünn sein, daß die Grundfarbe immer zart durchscheint. Konturen können Sie an einigen Stellen mit einem ganz feinen Marderhaarpinsel in dunkler Farbe nachtragen.

Wie schon früher gesagt, empfiehlt es sich auch bei der Aquarell-Technik, vor Beginn der Arbeit eine Farbskizze anzufertigen, die Ihre Eindrücke sichert und als Vorlage bereithält.

182 Emailbild in Streu-, Steg- und Schablonen-Technik, nach dem Einbrand plangeschliffen und in Aquarell-Technik bemalt.
60×30 cm

183 Voremaillierte Schale. Die Motive wurden mit Emailmalfarben in Aquarell-Technik aufgemalt.
⌀ 11 cm

184/185 Zwei Bilder in Aquarell-Technik. Die Grundfarben sind im Naßauftrag in mehreren Schichten aufgetragen und gebrannt. Motive mit Emailmalfarben aufgemalt. Je 15×15 cm

186/187 Zwei Landschaftsbilder in Aquarell-Technik. Vorgebrannte Grundfarben, Bemalung mit Emailmalfarben.
Je 15×15 cm

188 △

189 △   190 ▽

Faser-Technik

Für Emailfreunde ist es immer wieder ein Ereignis, neue Anwendungsmöglichkeiten zu ersinnen, die in der klassischen Zeit des Emails (etwa Mittelalter, Limosin-Email ...) noch nicht bekannt waren. Jede Zeit hat ihre eigenen Gestaltungsmöglichkeiten: Da es in alter Zeit keine Elektrokabel gab, konnte man auch nicht mit den feinen Kupferfäden, aus denen ein solches Kabel gezwirnt ist, arbeiten.

Kupfer ist ein Grundmetall für Emailarbeit. In den feinen Kupferdrähtchen finden wir es in reiner Form und versehen mit den besten Schmelzeigenschaften. Wir sollten das für unsere Bildgestaltung nutzen. Die Kupferfasern eignen sich besonders zum Stilisieren von Naturformen (Bäume, Sträucher, Adern) oder auch zur Netzbildung.

Wählen Sie also vor Beginn einige harmonische Farben für den Hintergrund aus. Denken Sie daran, daß diese den Fond des Bildes beleben und die Wirkung auf den Betrachter wesentlich beeinflussen. Die aus den Fasern gebogenen oder gedrehten Formen legen Sie auf die Emailschicht auf und brennen sie ein. Sollten einige Fasern hochstehen, können Sie sie leicht im glühenden Zustand mit der Brennschaufel andrücken.

188-191 Faser-Technik.

188 Zuschneiden der Kupferfaser.

189 Auflegen auf die voremaillierte Platte

190 und Anordnen der Fasern.

191 Andrücken hochstehender Fasern mit der Brennschaufel.

191 ▽

192 Baummotiv in Faser-Technik.
15×15 cm

193 Formgebung der Kupferfasern.

194 Fertig geformte Motive sind zum Einbrennen aufgelegt.

195 Symbolische Darstellung »Limoges« in Misch-Technik: Zur Anwendung kamen Faser-, Steg-, Schablonen- und Ätz-Techniken.
15×20 cm

Miniaturen malen

Die Miniaturmalerei mit Email erlebte im Mittelalter ihren Höhepunkt. Kleinformatige Porträts, Dosen, Uhrendeckel und Prachthandschriften wurden damit verziert. Dazu hatte man eigens mit Metalloxiden Emailfarben entwickelt, mit denen sich auf weißem Grundemail in feinsten Linien und Flächenmalerei Kleinbildnisse herstellen ließen. Um 1770 war Freundschafts- und Erinnerungsschmuck, der bisweilen ganze Familienszenen zeigte, besonders beliebt. Als Trägermaterial benutzte man Gold und Silber, obwohl die Metalle nicht oder nur selten in die Gestaltung miteinbezogen wurden. Die fertigen Medaillons wurden vielmehr in Tafelgeräte oder Schmuckschatullen eingelegt. Viele Museen, besonders der Louvre in Paris, bewahren solche Miniatur-Emails auf. Noch heute erfreuen wir uns an der Vielfalt der Gestaltung, den Inhalten und der Farbharmonie, die mit größter Sorgfalt erreicht wurden.

Emailfarben (Metalloxide) lassen sich im Gegensatz zu Emailpulver zu allen Farbnuancen mischen. Mit ihnen wird auf einer mit weißer Emailschicht vorbereiteten Platine gemalt. Der Malvorgang setzt einen fettfreien Untergrund voraus. Die Farben werden mit Sandelholzöl oder mit Haftmittel auf einer matten Glasplatte mit einem Spachtel angerieben, bis eine malfähige Konsistenz erreicht ist. Mit einem feinen, echten Marderhaarpinsel tragen Sie dann das Motiv auf die Platine auf.

Diese Technik verlangt sehr viel Zeit und Geduld. Es ist daher ratsam, den Umriß der Emailplatine zunächst auf Papier aufzuzeichnen und einen Entwurf zu skizzieren, der auch schon die Farbvorstellung enthält. Je nach Sicherheit können Sie auch eine dünne Konturenzeichnung auf das Email aufbringen und danach erst mit dem eigentlichen Malen beginnen. Miniaturmalerei mit Emailfarben erlaubt Ihnen alle Feinheiten der Darstellung: weiche Farbübergänge, zarte Linien, hauchdünnes Lasieren, Schattierungen aller Art.

Die Emailfarben müssen nach dem Farbauftrag (wegen der Benutzung von Malmitteln) einige Zeit trocknen. Am besten lassen Sie sie über Nacht stehen und brennen sie dann bei 700° C bis 750° C ein. Achten Sie beim Brand darauf, daß das verwendete Malmittel völlig verdampft ist. Beim Brand selber ist größte Vorsicht geboten, da sich die Malemailfarben Ihres Motivs mit dem Grund verbinden müssen, ohne in die Emailschicht einzusinken. Das heißt, Sie müssen den Brennvorgang sorgfältig überwachen! Ein abschließender, weichschmelzender Fondantüberzug verleiht Ihrer Miniaturmalerei noch mehr Glanz und Tiefenwirkung.

Limousin malen

Limousin malen gleicht der Grisaille-Malerei. Es handelt sich um eine Schwarz-Weiß-Emailschichtung, die kein Übermaß an Farbgebung erlaubt. Der Begriff hat die Stadt Limoges in Frankreich als Ursprung, denn dort kam diese Art der Emailgestaltung im 15. Jahrhundert auf. Aber schon lange zuvor war Limoges ein Zentrum der Emailkunst gewesen. Ferdinant Luthmer (1892) schreibt in seinem Buch »Email«: »1189 verbreiteten sich in Frankreich über das ganze Land Schmelzwerkstätten, aber Limoges blieb der Hauptsitz.«

Allen Emailschaffenden ist die Stadt Limoges ein Begriff. Email und Limoges gehören zusammen. Aber sie ist ebenso die Stadt des »weißen Goldes«, des Porzellans. Im zweijährigen Turnus findet in Limoges zudem eine Emailbiennale statt. Hier läßt eine Übersicht der Exponate die Vielfalt der Emailtechniken deutlich erkennen. Es muß aber angemerkt werden, daß weniger traditionsgebundene Techniken vorgestellt werden als zeitgenössische.

Auf ein mit Gegenemail vorgebranntes Werkstück wird eine saubere, glatte Emailschicht in Schwarz oder Dunkelviolett aufgeschmolzen. Sie dient als Grund für eine schwarz-weiße (dunkel-helle) Schichtung. Gestaltet wird ganzflächig. Dabei tragen Sie zunächst Haftmittel auf die vorgebrannte Fläche und streuen ganz dünn eine erste weiße Emailschicht auf. Mit einer Reißnadel können Sie dann im Sgraffito-Verfahren (s. S. 49) Muster eingravieren oder Konturen zeichnen. Daraus läßt sich später ein Motiv aufbauen. Nach dem ersten Einbrand tragen Sie eine weitere Schicht Weiß auf.

Mein Vorschlag: Ich empfehle Ihnen, das Emailpulver mit Haftmittel anzurühren und mit dem Pinsel aufzutragen. So können Sie besser modellieren, d. h., einmal mehr, dann wieder weniger auftragen. Nach mehrmaligem Brennen ergibt dies Grautöne sowie eine Licht- und Schattenwirkung. Es versteht sich von selbst, daß Sie sowohl figürlich wie abstrakt malen können.

196 Modellieren eines Motivs in Grisaille-Malerei.

197 Ausdrucksstarke Darstellung in
Grisaille-Malerei von John Killmaster, USA.
24×24 cm

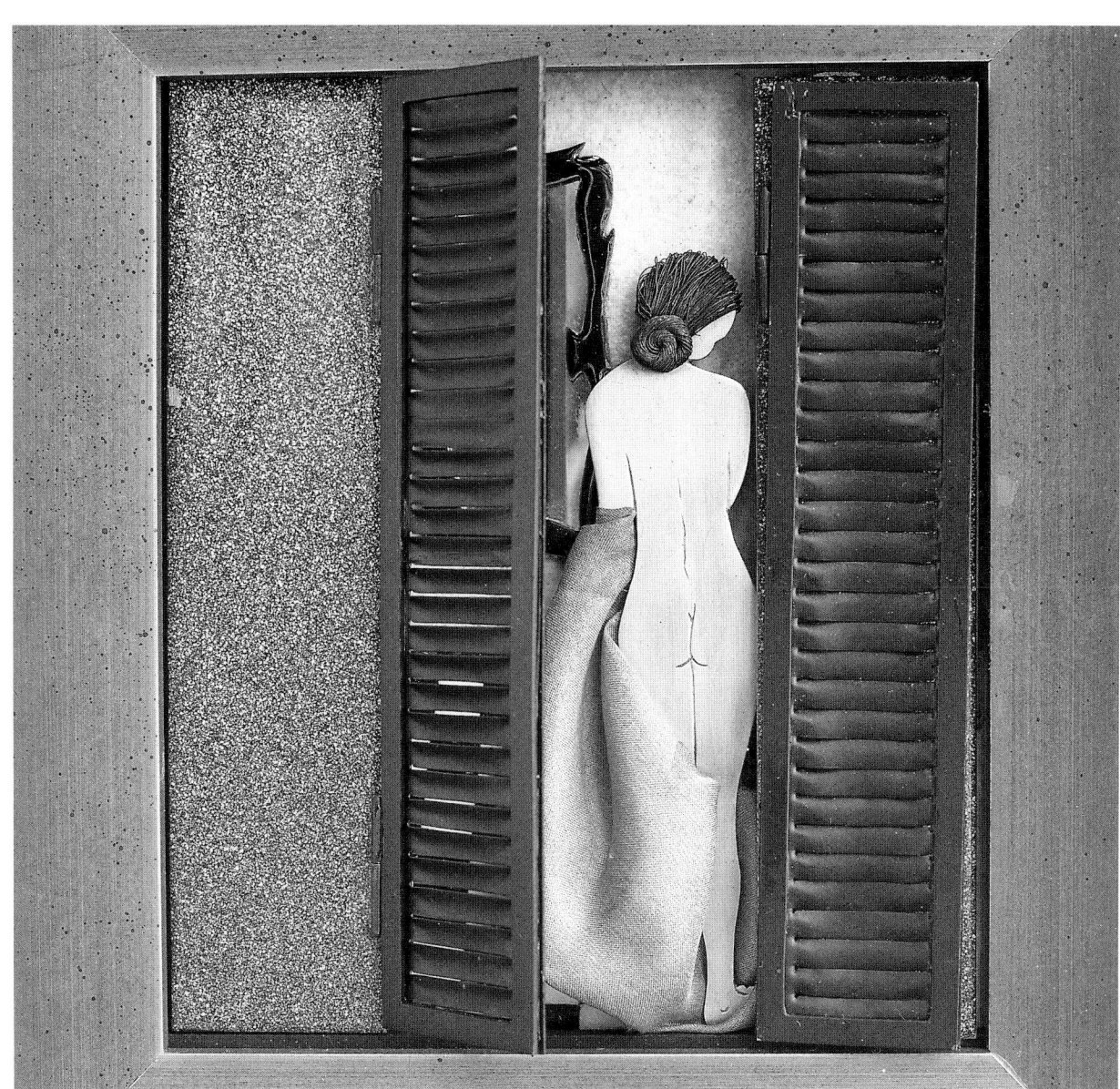

198 Diese Arbeit von Maria-Angeles Landete-Castella, Spanien, zeigt den Opalisier-Effekt in seiner ganzen Vollkommenheit.
19×16 cm

Opalisier-Effekt

Emailfarben werden nach ihrer Lichtdurchlässigkeit gewertet:
- Opak – deckend,
- Transparent – durchsichtig,
- Opalisierend – halbdurchsichtig.

Der echte Opal ist ein farbenschillerndes Mineral ($SiO_2 \cdot nH_2O$). Bei Einhaltung bestimmter Brennbedingungen gleichen die Opalfarben einem Milchopal.

Opalisierende Emails verlangen besondere Sorgfalt. Am besten ist es, wenn Sie zunächst eine Fondantschicht aufbrennen und dann erst Opal-Email einbrennen. Es ist im wahrsten Sinn des Wortes ein Spiel mit dem Feuer und der Farbe. Bei zu hoher Temperatur kann aus dem halbdurchsichtigen ein vollkommen transparenter Aufschmelz als Ergebnis in Erscheinung treten. Es kann auch geschehen, daß die Farben völlig umschlagen, und ein opakes Resultat sichtbar wird.

Beobachten Sie den Brennvorgang und haben Sie etwas Geduld. Dann erkennen Sie genau den Punkt, an dem der Opalisier-Effekt erreicht ist und an dem Sie das Stück aus dem Ofen nehmen müssen. Für gehämmerte, gepunzte, ziselierte und vor allem für geätzte Metallflächen ist Opal-Email besonders reizvoll. Nach dem gelungenen Brand liegt die Struktur des Motivs wie unter einem zarten Schleier.

199 Dreidimensionale Emailarbeit von Ulrike Dieffenbach. Der Opalisier-Effekt unterstreicht die Feinheit und Zartheit des Körpers.
15×17 cm

Ätzen

Champlevé nannte man früher die Technik des Metallätzens in der Emailkunst. In der Zeit des Mittelalters (etwa 1200 bis 1500 n. Chr.) wurde sie in den meisten Werkstätten angewandt. Jahrhundertelang war diese Technik eine der wichtigsten in der Emailkunst. Sie besteht im wesentlichen darin, daß flache Gruben in die Metalloberfläche (Kupfer, Silber, Gold) eingeätzt werden. Dazu setzt man Säure (meist Eisen-III-Chlorid) ein. Auf die Stellen, die später metallblank bleiben sollen, trägt man einen säurefesten Lack (meist Asphaltlack) auf. Diese durch die Arbeit der Säure geschaffenen Gruben werden dann mit Email gefüllt. Im Gegensatz zur Cloisonné-Technik, bei der mit gleichstarken Metallstegen gearbeitet wird, können hier unterschiedlich breite Stege oder sogar große Flächen von Metall sichtbar bleiben und in die Gestaltung mit einbezogen werden.

Man unterscheidet zwei Gestaltungsformen:

Tiefätzen

Dabei wird das zu ätzende Motiv vom abdeckenden Asphaltlack nicht berührt. Lediglich der Hintergrund wird abgedeckt, so daß das Motiv blank bleibt.

Hochätzen

Hierbei wird das Motiv mit Pinsel und Asphaltlack auf das Metall aufgetragen, so daß es nach dem Ätzen erhaben hervortritt.

Eine dritte Möglichkeit ist folgende: Sie tauchen die Metallplatte in den Asphaltlack und gravieren mit einer Reißnadel oder einem Schaber ein Motiv in die Platte.

Im einzelnen wird folgendermaßen verfahren:

Reinigen Sie zuerst das für die Ätzung vorgesehene Werkstück mit dem Schmirgelblock und reiben Sie es anschließend mit Alkohol ab, damit jegliche Fettspuren und Fingerabdrücke beseitigt werden. Nun zeichnen Sie mit einem dünnen Filzstift Ihr Motiv auf die Platte und decken anschließend mit Asphaltlack entweder die Linien der Zeichnung oder aber die Flächen ab, je nachdem, ob Sie hoch- oder tiefätzen wollen. Die seitlichen Kanten und die Rückseite müssen ebenfalls vor der Säureeinwirkung durch Abdeckung mit Lack geschützt werden. Die mit Asphaltlack abgedeckten Flächen (Linien) sind nun vor dem Angriff der Säure geschützt – dagegen erhalten die freiliegenden im Ätzbad Vertiefungen.

Vorsicht bei der Anwendung von Säure!

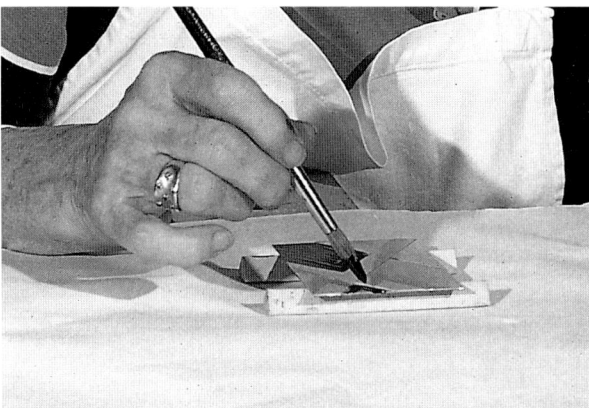

200-203 Ätzen.
200 Konturen zeichnen für den Auftrag von Asphaltlack zur Tiefenätzung.

201 Flächenabdeckung mit Asphaltlack für die Ritz-Technik.

202 Abdecken mit Asphaltlack für die Tiefenätzung.

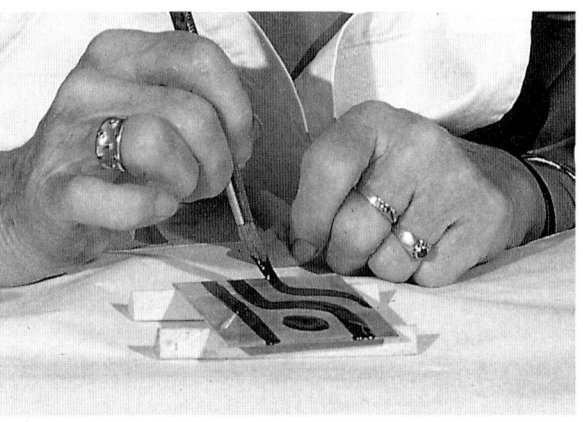

203 Korrektur der Begrenzungslinien des Asphaltlacks.

Da sie nicht nur ätzend, sondern auch giftig ist, sollten Sie dafür sorgen, daß Schutzvorrichtungen wie Luftabzug, Atem-, Gesichts- und Hautschutz vorhanden sind (s. S. 21). Halten Sie eine Säurewanne bereit, die Sie ausschließlich für diesen Zweck nutzen.

Nachdem Sie Ihr Werkstück in die Säurewanne gelegt haben, achten Sie darauf, daß die Säure es 2 bis 3 cm bedeckt. Mit einem Holzspatel kontrollieren Sie den Fortgang der Ätzung. Ist die Tiefe zufriedenstellend, nehmen Sie das Werkstück aus dem Säurebad und spülen es gut unter fließendem Wasser ab. Den Asphaltlack lösen Sie in einem Bad aus Terpentin oder Terpentinersatz ab. Lassen Sie die geätzte Platte eine Zeitlang im Bad. Dann können Sie den Lack mit einer Bürste entfernen oder die aufgelöste Schicht mit einem Stück Zeitungspapier abnehmen.

Terpentinöl hinterläßt Fett. Zum weiteren Bemalen brauchen wir aber eine fettfreie Oberfläche. Diese erzielen wir durch ein kurzes Eintauchen ins Säurebad. Die geringsten Fettspuren verursachen Trübungen in der Emailauflage.

Auch erreichen Sie eine interessante Oberflächenstruktur, wenn Sie Ihre Arbeit nach der (Hoch- oder Tief-) Ätzung und der Reinigung noch einmal kurz ins Säurebad legen. Es gibt dadurch feine Kratermuster, die bei Anwendung von transparenten Emails Licht und Schatten setzen. Nachdem Sie Ihre Ätztechnik-Arbeit aus dem Säurebad genommen haben, sollten Sie sie nochmals gründlich mit Wasser abspülen.

Mein Vorschlag: Noch schöner, als es ohnehin schon ist, wird Ihr Champlevé-Werk, wenn Sie die Metallflächen und Stege nach dem Emaillieren vergolden oder versilbern.

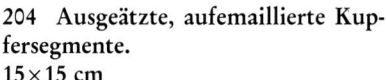

204 Ausgeätzte, aufemaillierte Kupfersegmente.
15×15 cm

205 Ausgeätzte, aufemaillierte Kupfersegmente.
10×15 cm

206 Jugendstilornamente in Ätz-Technik.
15×20 cm

207 Geätzte Schale in transparentem Blau.
⌀ 12 cm, Höhe 6 cm

208 »Rufe« von Alexander Karich Jroslavl,
UdSSR. Sgraffito-Technik.
20×60 cm

Sägen und Feilen

Sägen und Feilen von Edelmetallen: Das sind in der Hauptsache Arbeiten des Goldschmieds. Aber auch in Emailwerkstätten kommen wir nicht ganz ohne diese Fertigkeiten aus. Wir brauchen sie zudem als Voraussetzung für die Arbeiten mit Fenster-Email (s. S. 104). Dort wird mit durchbrochenen Metallgerüsten gearbeitet, die mit einer Goldschmiedesäge vorbereitet werden. Dazu gehört neben etwas handwerklichem Geschick auch die Bereitschaft, vorab das Sägen zu üben.

Spannen Sie in die Goldschmiedesäge das Sägeblatt so ein, daß sich die Zähne zum Handgriff richten. Die Spannung darf nicht zu locker sein, sonst bricht das Sägeblatt zu schnell. Zeichnen Sie mit einer Reißnadel Ihr Motiv auf die Metallplatte und sägen Sie, den Linien folgend, korrekt aus. Wenn Durchbrüche in der Fläche auszusägen sind, müssen Sie zunächst ein kleines Loch mit dem Handbohrer vorbohren. Da hindurch wird nun das Sägeblatt gezogen und im Bügel fest eingespannt. Zu achten ist darauf, daß die Spannschraube fest angezogen ist. Nun sägen Sie Ihren Durchbruch über einem V-Brett, das am Arbeits-

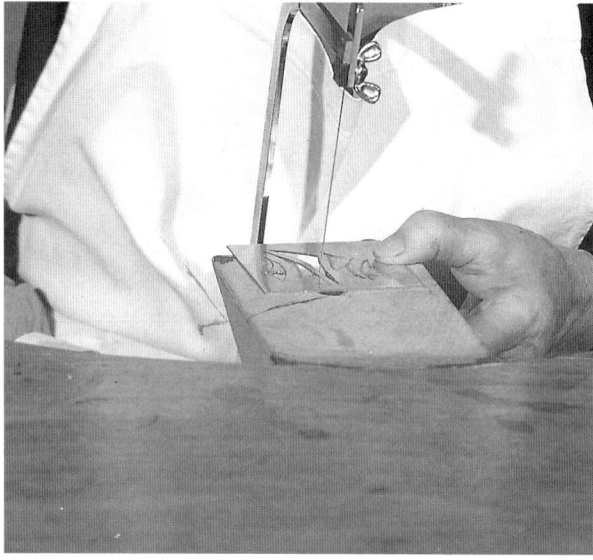

tisch befestigt wird, aus. Danach müssen die vom Sägen aufgerauhten Kanten gefeilt, geglättet und entgratet werden. Wenn Sie mit dem Sägen nicht ganz zufrieden sind, können Sie mit der Feile Ihrem Durchbruch zusätzlich noch Form verleihen.

209 Aussägen einer Ornament-Brosche aus 0,8 mm dünnem Kupfer.

210 »Aufbruch« von Walter Kleer. Die ausgesägte Darstellung ist auf eine voremaillierte Platte montiert. 21×13 cm

211/212 Fleiß und Beherrschen der Sägearbeit waren für dieses Motiv »Türen aus dem Bergischen Land« von Walter Kleer erforderlich. Es wurden viele Einzelteile emailliert, die Segmente dann zusammengefügt oder aufemailliert. 30×42 cm

213 Brosche von Epp Linnaks, Estland aus Email-Tombak: Zeitaufwendige Säge- und Punzierarbeit. In à jour-Technik emailliert und hochpoliert.
6 × 16 cm

214 Mit Punzen und Hammer werden Verformungen und Verzierungen aus Kupfer getrieben. ▷

215 Über Kugeln (aus Metall oder Holz) in Treibarbeit geformte Schalen aus 0,1 mm dünner Kupferfolie. Mit transparentem Email in mehreren Schichten und Brennvorgängen emailliert. Links ⌀ 6 cm, Höhe 4 cm; rechts ⌀ 8 cm, Höhe 6 cm ▷

216 Geformte Schalen aus 0,1 mm dünner Kupferfolie.
Links ⌀ 6 cm, Höhe 9 cm; rechts ⌀ 12 cm, Höhe 4 cm ▷

Treiben und Punzen

Kunst und Handwerk bedingen einander. Jeder Emailschaffende muß immer wieder zu verschiedenen Werkzeugen greifen, deren Beherrschung zur Ausgestaltung seiner Arbeiten unumgänglich ist. Dies wird etwa erforderlich, wenn Sie tiefe oder flache Schalen selbst formen oder auf einer gewölbten Kupferplatte Ihre Motive besonders gut zur Geltung bringen wollen. Wenn Sie viele Bildplatten oder Schalen selber ausschneiden, ist es ratsam, Kupfer auf Rollen oder in Tafeln zu kaufen, die es in allen Stärken und bester Qualität gibt. Achten Sie darauf, daß Sie reines Elektrolytkupfer bekommen.

Treiben

Damit Sie Ihre Kupferzuschnitte besser verformen können, sollten Sie das Metall bei ca. 400° C weichglühen. Danach beginnen Sie mit einem Holz- oder Bleigesenk und dem Treibhammer die Formgebung. Fangen Sie mit gleichmäßigem Hammerschlag in der Mitte an. Arbeiten Sie in engen Kreisen von innen nach außen. Bei Schalen ist mit einem Planierhammer eine Standfläche zu schaffen. Zum Schluß feilen Sie die scharfen Kanten und Ecken glatt. Bei dieser Arbeitsmethode bleibt der Hammerschlag sichtbar. Wenn anschließend transparente Emails verwandt werden, gibt es einen sehr schönen Struktureffekt. Ist eine glatte Oberfläche gewünscht, ist die Oberseite mit einem Planierhammer auf dem Amboß zu glätten.

Punzen

Das Punzen gehört zur spanlosen Verformung von Metallen. Meist wird es zur Verzierung von Werkstücken eingesetzt, so auch in der Emailwerkstatt. Zeichen und Namenszüge, Linien und Figuren lassen sich mit Perl- und Façonpunzen sowie dem Hammer in das Metall treiben. Wenn Sie anschließend Transparent-Email in einer oder zwei Lagen aufschmelzen, kommt die Reliefstruktur besonders gut zum Vorschein.

Collagen

Collagen sind Klebebilder, die ganz oder teilweise aus aufgeklebten, flächigen Materialien bestehen. Papiere, Kartons oder Gewebe aller Art finden bei der Gestaltung Verwendung. In der Regel werden sie zeichnerisch oder malerisch überarbeitet oder ergänzt. Schon die Kubisten sprachen von den *papiers collés*. 1920 wurde das Wort Collage dann bei den Dadaisten üblich und durch André Breton definiert. Max Ernst und Kurt Schwitters sind bekannte Künstler, die die Collagen »kunstwürdig« machten. Seit den 60er Jahren nimmt die Collage, vor allem im Rahmen der Pop-Art, im Neuen Realismus einen beträchtlichen Raum ein. Kein Wunder, daß die Darstellungsform der Collage auch in die Emailwerkstätten Einzug hielt.

Collagen, die aus der Emailwerkstatt kommen, können zwei- oder dreidimensional geschaffen werden. Die Kompositionen können unter Zuhilfenahme typischer Emailelemente mit Fremdmaterialien aller Art angereichert werden. Zunächst einmal sind alle Materialien, die aufschmelzbar sind, einsetzbar (Perlen, Glassteine, Ketten, Metallteile ...). Darüber hinaus kann nach Abschluß der eigentlichen Brennarbeiten auch nicht einbrennbares Material dem Wortsinn von Collagen entsprechend aufgeklebt werden. Großzügiges Gestalten ist dabei ebenso möglich wie Durcharbeitung auf kleinstem Raum. Um so mehr ist es wichtig, die Endgestalt Ihres Werkes nicht nur dem schöpferischen Spieltrieb zu überlassen. Komposition und Farbgestaltung, Raumaufteilung und Motivaussage sollten Ihnen vor Beginn der Arbeit in Umrissen klar sein, die später eingesetzten Materialien schon von Anfang an dem Motiv gedanklich zugeordnet werden.

Bevor Sie mit dem Emaillieren beginnen, erstellen Sie Ihre Entwurfsskizze und legen sich sämtliche Materialien, die verwendet werden sollen, bereit. Sie brauchen ferner Zange, Säge und Metallschere, um einige Elemente zu biegen, schneiden oder zu sägen.

Die Grundplatte und alle Metallteile werden, soweit es gewünscht ist, emailliert. Dann werden alle aufschmelzbaren Gegenstände aufemailliert. Nichtaufschmelzbares Material wird anschließend aufgeklebt. Benutzen Sie dazu die entsprechenden Spezialkleber.

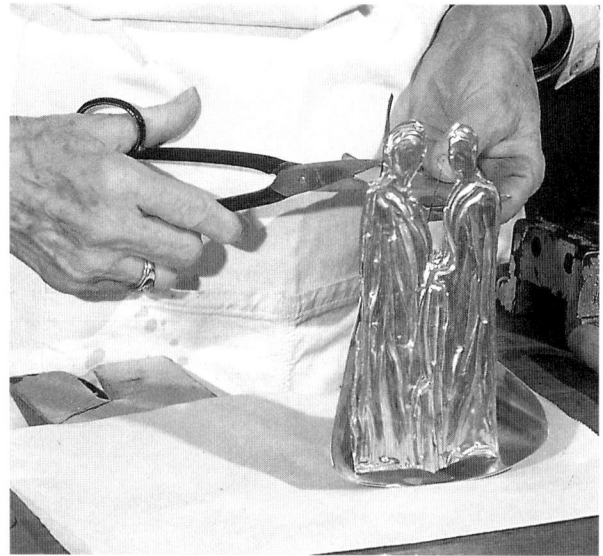

217 Zuschneiden von Kupferfiguren aus 0,1 mm dünner Folie für Emailcollagen.

218 Collage aus einer emaillierten Grundplatte, einem emaillierten Kupferrahmen, Zuschnitten und Kupferfaser.
10×15 cm

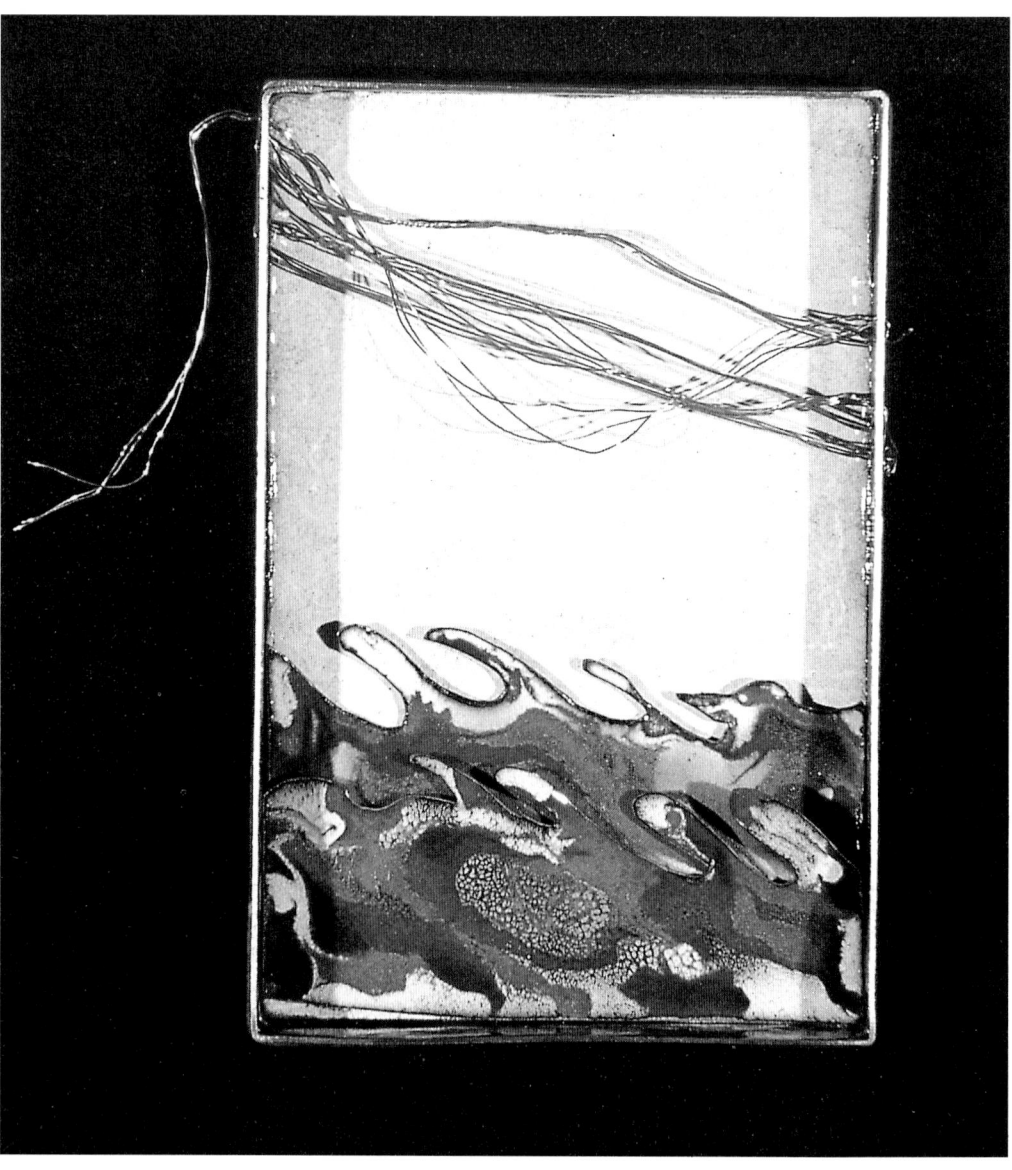

219 Collage. Ausgeschnittene und verformte, aufemaillierte Kupferteile.
15×10 cm

220 Collage aus emaillierten Kupferteilen und -röhrchen von Gabriele Fischer-Kilian.
10 × 10 cm

221 Gebohrte, emaillierte und mit Kupferdraht verbundene Kupferzuschnitte von Gabriele Fischer-Kilian.
10 × 10 cm ▷

222 Aus Kupferfolie geformtes, beschriftetes Päckchen von Maria-Rosa Sarda, Spanien. Die Briefmarken sind mit Silbergranulation gestaltet.
10 × 10 × 5 cm ▷

Zuschnitte

Im Laufe der vergangenen Jahre wurden Unmengen von Zier- und Gebrauchsgegenständen für die Emailgestaltung angeboten. Sie waren vorwiegend aus Kupfer und Tombak und wurden im Hobbybereich mehr oder weniger gut emailliert. Diese Zeit ist vorüber. Heute werden nur noch wenige Kupferrohlinge angeboten, die dafür wesentlich besser ausgewählt sind.

In allen Emailwerkstätten lebt die Tradition weiter, den Emailträger selbst zu gestalten. Einmal werden so Unikate durch ihre Form erkennbar, zum anderen verlangt es oft die geringe Größe des Ofens, kleinere Zuschnitte zu machen, die dann wie ein Puzzle zusammengesetzt werden.

Für Metallzuschnitte aus Kupfer, Silber oder Gold brauchen Sie eine gute Metallschere und eine Goldschmiedesäge:
- Wenn Sie Schmuck herstellen wollen, zeichnen Sie zunächst den Umriß auf das Metall und sägen dann aus
- Wenn Sie ein Bild gestalten wollen, können Sie einzelne Elemente nach Ihrer Skizze zum Emaillieren oder Aufschmelzen ausschneiden
- Wenn Sie eine große bildliche Komposition vorgesehen haben, die den Nutzraum Ihres Ofens übersteigt, wird wie üblich der Entwurf auf das Metall gezeichnet. Nach der Größe des Brennofens teilen Sie Ihr Gesamtbild in einzelne Segmente auf und schneiden oder sägen sie aus.

Bei Anwendung der Steg-Technik oder von Cloisonné ist unbedingt darauf zu achten, daß die Stege beim Zusammenfügen der einzelnen Segmente zusammenlaufen. Sonst verliert sich Ihr Motiv.

223-226 Zuschnitte.
223 Ein Kupferstreifen wird zu einem Rahmen gebogen.

224 Weitere Zuschnitte werden in den Rahmen integriert.

225 Zuschneiden eines Kupfersegments.

226 Zuschnitt für eine Brosche (rechts) und zwei fertige Broschen als Beispiel (links).

94

227/228 Kupferzuschnitte in Schablonen-Technik.
9×14 cm (227); 10×15 cm (228) △

229 Kupferzuschnitte, emailliert zur Collage von Gabriele Fischer-Kilian.
18×26 cm

230/231   Metallausschnitte in Streu- und Zeichen-Technik, bei (231) zusätzlich
mit Blattgold belegt.
Je 15×20 cm

Kupferfolie

Kennen Sie die Harfe der Königin Pu-abi? Sie stammt aus dem Jahre 2750 v. Chr. und wurde in Ur am Euphrat gefertigt. Was sie für uns interessant macht: sie ist teilweise mit feinstem Blattgold überzogen. »Nur« 1000 Jahre später setzten die Ägypter zur Ummantelung ihrer Statuen ebenfalls dünnwandige Metalle (Folien) ein. Heute bezeichnen wir mit dem Begriff Folien gewalztes Kupferblech bis zu einer Stärke von 0,3 mm.

232 Gürtelschließe aus Kupferfolie, emailliert in Relief-Technik mit transparenten Emailsplittern.
5×8 cm

Kupferfolie wird aus Kupferblech gewalzt und in vielen Emailwerkstätten als Grundmaterial eingesetzt. Wie Sie schon wissen, benutzt man es, um entweder modellierte Formteile aufzuschmelzen oder eigenständige Formen (Schalen, Vasen . . .) zu hämmern und zu treiben.

Zur plastischen Gestaltung auf Kupferblech brauchen wir Metalldrückwerkzeuge, »Runer« genannt.

Nach einem Entwurf, den Sie entweder frei oder mit Pauspapier auf die Rückseite der Folie übertragen, drücken Sie mit dem Runer das Motiv ein. Sie können sowohl figürliche wie geometrische Ornamente einarbeiten. Um Ihrem Werkstück die erforderliche Gegenspannung zu geben, ziehen Sie mit leichtem Druck rechts und links neben dem Relief Linien nach unten.

Nun müssen Sie die gestaltete Folienform bei 400° C bis 500° C kurz glühen. Sie läuft dabei dunkelblau bis violett an.

Da sich die dünne Folie sowohl leicht verformt als auch schwierig zu reinigen ist, sollten Sie Vorder- und Rückseite in einem Arbeitsgang brennen. Dazu benützen Sie am besten eine Unterlage aus Glasfaser, da vor allem bei größeren Stücken über den Gegenemailständer hinausragende Ecken und Enden durchhängen. Kleine ausgeschnittene Folienfiguren können Sie als Ornamente in die Emailschicht einlegen und einschmelzen.

Um aus einer Folie Vasen, Schalen oder Gefäße zu formen, brauchen Sie einige Hilfsmittel: verschieden große Holz- und Metallkugeln, Prismen, Würfeloder Kegelformen. Ferner brauchen Sie Gummi- und Holzhammer. Schneiden Sie sich runde, ovale und viereckige Papierschablonen zu und nach diesen Vorlagen die entsprechenden Formen aus der Metallfolie. Diese werden über die vorgesehenen Holz- oder Metallteile gefaltet, gedrückt und mit dem Hammer an die Form getrieben.

Nachdem Sie das Werkstück vorsichtig abgenommen haben, müssen Sie es kurz bei 400° C glühen und dann in einem Arbeitsgang innen und außen emaillieren. Benutzen Sie dazu vornehmlich transparente Emails. Bei zwei- oder dreimaliger Emailauflage erreichen Sie einmalige Lichtbrucheffekte. Als letzte Schicht empfehle ich Ihnen einen Opalüberzug oder Weiß, sehr dünn.

Skulpturen

Ganz offensichtlich lebt in den Menschen der Drang, sich selbst und die Umgebungswelt bildhaft dreidimensional darzustellen. Davon zeugen schon die einfachen Lehmformen und die frühen Knochenschnitzereien (9. Jahrtausend v. Chr.) und Elfenbeinarbeiten, die dann zu Stein- und Metallformen weitergeführt haben. Die Basaltfiguren der Ägypter, die Bronzeplastiken der Griechen, die Marmorfiguren Michelangelos, sie alle sind Ausdruck menschlichen Formwillens. Dabei wurden oft die verschiedensten Materialien an einem Werk eingesetzt, um bestimmte Teile (etwa Augen, Waffen, Haare . . .) besonders hervorzuheben.

Email hatte dabei seit den Tagen der Ägypter großen Anteil. Es gibt auch eine Kunstform, in der das Metall lediglich nur noch der Träger ist und die Aussage weitgehend vom Email bestimmt wird: Email-Skulpturen (Email en ronde bosse).

Aus Kupfer kann man seit langer Zeit Formen treiben, ziehen, sägen und schneiden. Man kann diese Formen danach auch mit Email überziehen und ihnen so eine neue Aussagekraft geben. Endre Turi, Direktor der Emailschule in Kecskemét (Ungarn), gestaltet aus Kupfer und Email Skulpturen, die technisch und künstlerisch bemerkenswert sind und meines Wissens nach zur Zeit nicht ihresgleichen haben.

Bei der Gestaltung einer Skulptur sollten Sie sich zu Anfang auf einfache Formen beschränken, etwa eine Pyramidenform. Aus Kupferblech schneiden Sie entsprechend Ihrer zuvor angefertigten Vorlage die Formen aus. Dann wird die Form gekantet, geschlossen und anschließend emailliert.

Sie haben sicher schon erkannt, daß sich hier wieder ein Feld ohne Grenzen öffnet. Der Emailschaffende, der gerne mit Metall arbeitet, findet aus seiner Phantasie heraus beinahe beliebig viele Kombinationsformen der einzelnen Emailtechniken. Es hängt von der Form ab, welche Technik Sie einsetzen wollen. Wenn Sie mit Einzelteilen arbeiten (vgl. S. 94), dann ist fast alles möglich. Bei geschlossenen Formen ist die Art der Technik zum Teil auch von der Größe Ihres Brennofens abhängig. In diesem Fall sollten Sie bevorzugt die Ablauf-Technik mit Überbrand einsetzen.

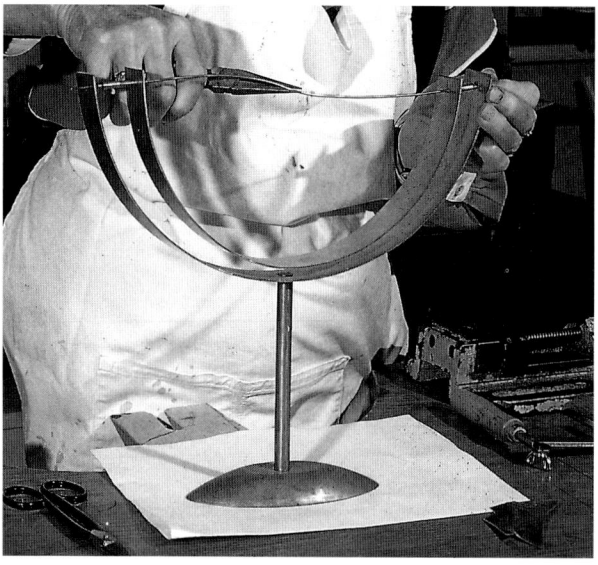

233 Einziehen eines Kupferdrahts in eine Skulptur.

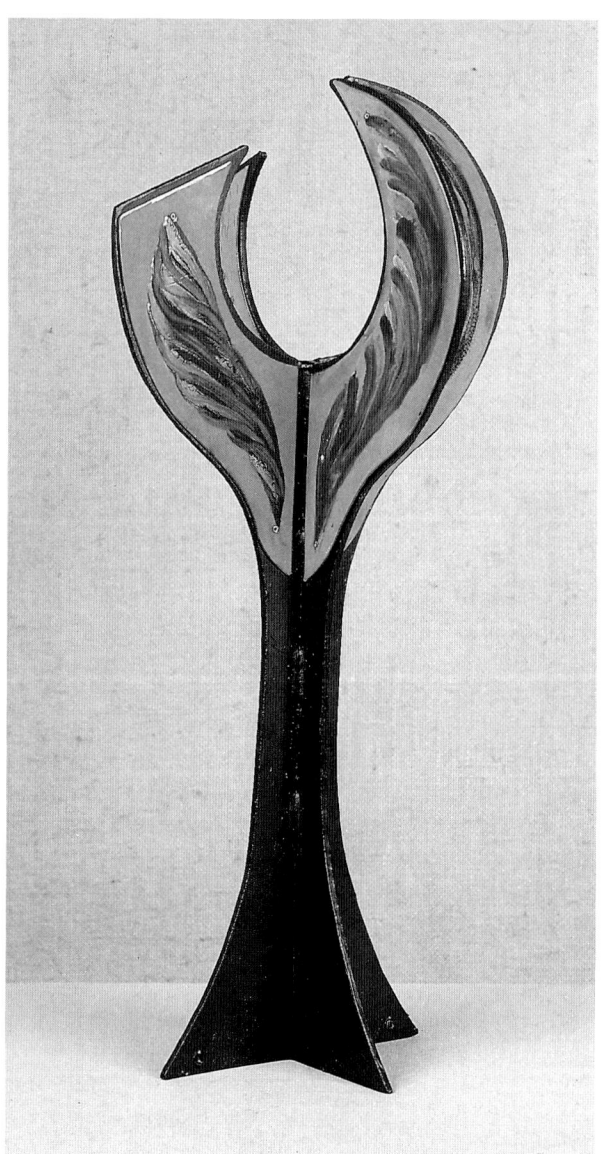

234 »Flügelbaum«, Skulptur aus ausgebranntem, verschweißten und verzinkten Stahlblech. Emailarbeit in Streu- und Mal-Technik.
120×65 mm

235 Skulptur. Aus Kupferstreifen gebogene und gebohrte Segmente, die emailliert und zusammengefügt sind (Streu- und Schablonen-Technik). Kugel und Fuß aus Messing.
22×18 cm

236 Drei pyramidenförmige Skulpturen: Ein 0,5 mm starkes Kupferblech wurde dafür nach einem Papiermuster zugeschnitten, zu einer Pyramide gekantet und in Streu- und Schablonen-Technik emailliert. Die Zeichnung erfolgte mit Emailfarben.
Höhe 13-16 cm △

237 Aus Kupferstreifen in verschiedenen Größen geformte Skulpturen, emailliert in Schablonen-Technik.
Links 5×13 cm; Mitte 5×17 cm; rechts 5×20 cm

238-240 Airbrush.
238 Ausschneiden von Schablonen mit einem Kugelmesser.

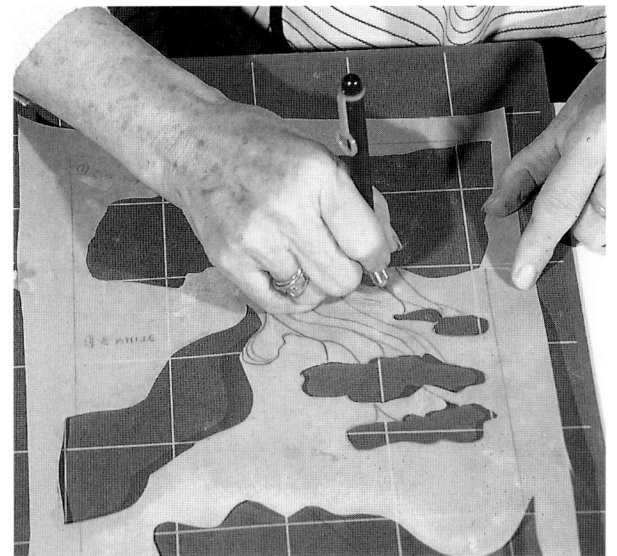

239 Aufsprühen der Kecskemét-Emailfarben in einer Schutzkabine.

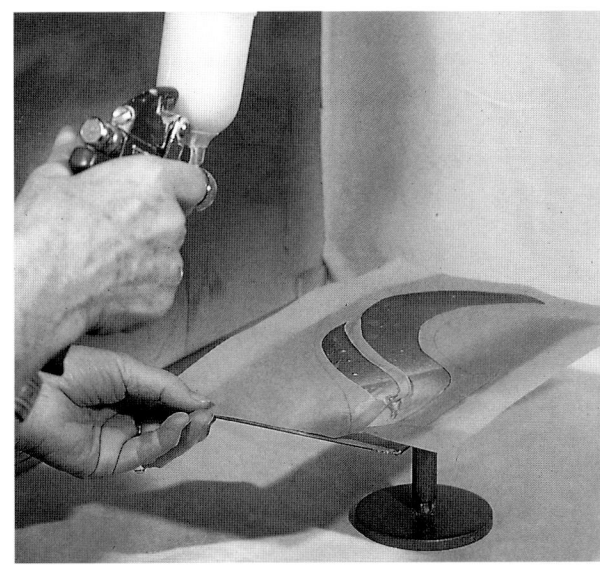

240 Fertiges Motiv nach dem Aufsprühen der Kontrastfarbe.

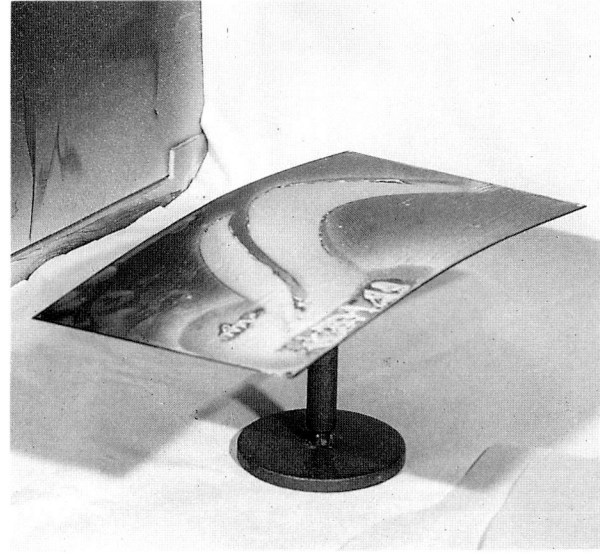

Airbrush

Die Airbrush-Technik gleicht dem Sprüh- und Sinterverfahren bei Industrie-Email. Sie eröffnet aber für Schmuckemail, das pulverisiert und geschlämmt ist, ein weites Gestaltungsfeld.

Wenn Sie beim Streuen und bei der Naß-Technik die Schmuckemailfarben über- und nebeneinanderlegen, müssen Sie immer mit einigen Zufallserscheinungen wie leichten Punktierungen, Randzonen etc. rechnen. Bei der Sprühtechnik hingegen erzielen Sie einen dünnen, gleichmäßigen Farbauftrag. Die Farbabstufungen haben zarte Übergänge. Somit können Sie mit der Airbrush-Technik für viele andere Anwendungsfelder Emailgründe schaffen, auf denen man weiter aufbauen kann.

Zu Ihrem Schutz und dem Ihrer Werkstatt ist es ratsam, eine Sprühkabine aufzustellen, sinnvollerweise in der Nähe des Fensters. Ihrer Gesundheit zuliebe sollten Sie eine Atemschutzmaske tragen, da bei der Airbrush-Technik ein feiner Sprühnebel entsteht, der sich überall festsetzt. Farbpartikel können über die Atemwege in die Lunge eindringen. Zum Sprühen selbst benutzen Sie zweckmäßigerweise eine fertige, große Sprühanlage. Notfalls kommen Sie auch mit einem Handsprühgerät zurecht.

Im Gegensatz zu den üblichen Schmuckemails kann man Airbrush-Emailfarben mischen. Vor der Benutzung müssen die Farben gut geschüttelt oder durchgerührt werden, da die Farbpigmente sich absetzen. Nachdem Sie die erste Emailschicht aufgesprüht haben, lassen Sie sie gut trocknen. Nach dem Einbrennen können Sie Teile der Oberfläche mit Schablonen abdecken und nacheinander verschiedene Farben aufsprühen. In die vorgesprühte Emailschicht lassen sich auch vorgeformte, emaillierte Folien sehr gut einlegen und einschmelzen.

Mit Industrie-Email vorbeschichtete Stahlbleche bilden eine vorzügliche Ausgangsbasis für die Airbrush-Technik.

Zum Sprühen eignen sich die ungarischen Kecskemét-Efco-Farben besonders gut. Es gibt sie in vielen Opak- und Transparentfarben. Dank ihrer hervorragenden Hafteigenschaften sind die Farben besonders für Sgraffito geeignet.

241 Emailbild in Schablonen-Technik (positiv) von Achim Tandler.
18×18 cm ▷

242 Ausdrucksstarkes Emailbild von Gábor Rácz, Ungarn, im Airbrush-Verfahren mit Schablonen gefertigt. Die Kupferfolienzuschnitte sind emailliert und aufgeschmolzen.
30×40 cm

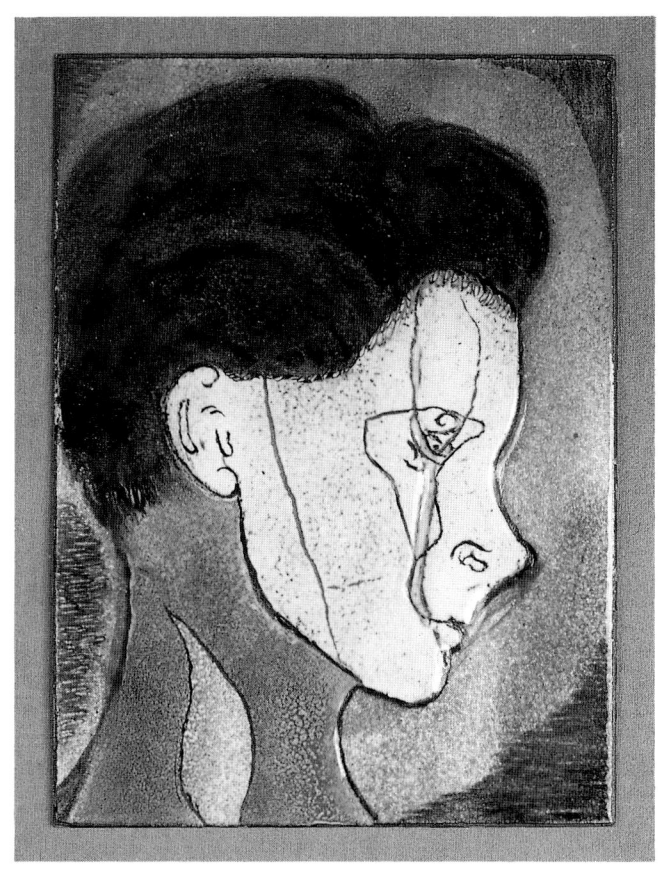

243 Portrait in Schablonen-Technik mit Konturenmalerei.
15×20 cm ▷

244/245 Beispiele für einfache Schablonen-Technik (negativ) mit Blättern.
Dose ⌀ 12 cm, Höhe 5 cm; Platte 10×15 cm ▽

Fenster-Email
(Émail de plique à jour)

Wer die Fenster-Email-Technik beherrscht, den darf man getrost einen Meister nennen. Fenster-Email ist eine Sonderform des Cloisonné und zugleich eine seltene Technik. Sie wurde seit dem 11. Jahrhundert in Rußland und in Skandinavien angewandt, verlangt nicht nur hohes handwerkliches Können, sondern auch einen guten Formensinn. In unseren Tagen gestalten Klara Barakonyi und Ferenc Nagi in der ungarischen Emailschule von Kecskemét Fenster-Emailarbeiten, die in ihrer Vollkommenheit kaum zu überbieten sind.

Wie viele andere beginnt auch diese Technik mit einem guten Entwurf. Fenster-Email wirkt etwa wie ein bleiverglastes Kirchenfenster und lebt wie dieses von der Farbbrillanz. Sie müssen also Öffnungen (Fenster) in eine Metallplatte sägen. Diese »Fenster« sollten nicht mehr als 0,5 cm bis 2,5 cm im Durchmesser haben. Die ausgesägten Fenster werden an der oberen Kante mit einer Feile angeschrägt, und diagonal wird etwas Metall abgetragen. Dadurch bekommt das Email besseren Halt.

Nehmen Sie nun gut ausgeschlämmte Farben, rühren Sie sie mit destilliertem Wasser zu einer Masse an, deren Konsistenz so ist, daß sie nicht durch die Fensteröffnungen abfließt, sondern darin stehen bleibt. Sie können auch transparente Splitter auflegen, die etwa die Größe des Fensters haben.

Verlängern Sie vor dem Brand die Trockenzeit, damit Sie ganz sicher sein können, daß keine Feuchtigkeit mehr im Email enthalten ist. Stellen Sie Ihre Arbeit zum Brennen auf eine Glimmerplatte, auf Glasfaser oder auf Kupferfolie, damit das Email nicht abfließen kann.

Nach dem ersten Brand erkennen Sie, ob alle Fenster bis zum Rand mit Email gefüllt sind. Ist das noch nicht der Fall, dann müssen Sie sorgfältig reinigen und vor allem jeden Zunder entfernen. Danach können Sie wieder Email auftragen. Wiederholen Sie diesen Vorgang so lange, bis Sie eine ebene Emailschicht erreicht haben.

Wenn Sie Kupferfolie als Unterlage benutzen, sollte diese auf einem völlig planen Rost liegen, damit sich das Werkstück nicht wölbt. Ziehen Sie die Trägerfolie vorsichtig diagonal von einer Ecke zur anderen hin ab. Glimmerscheiben- und Glasfaserreste können Sie abbürsten. Die Oxidhaut, die sich beim Brand gebildet hat, müssen Sie mit einer feinen Karborundfeile und großer Sorgfalt vorsichtig abschleifen. Schleifen Sie so lange, bis Sie mit der Helligkeit Ihres Fensters zufrieden sind.

»Émail de plique à jour« ist, wenn es gelungen ist, eine Email-Kostbarkeit. Sie sollte durch galvanisches Vergolden oder Versilbern noch deutlicher herausgestellt werden.

246   Sägearbeit für à jour-Email.

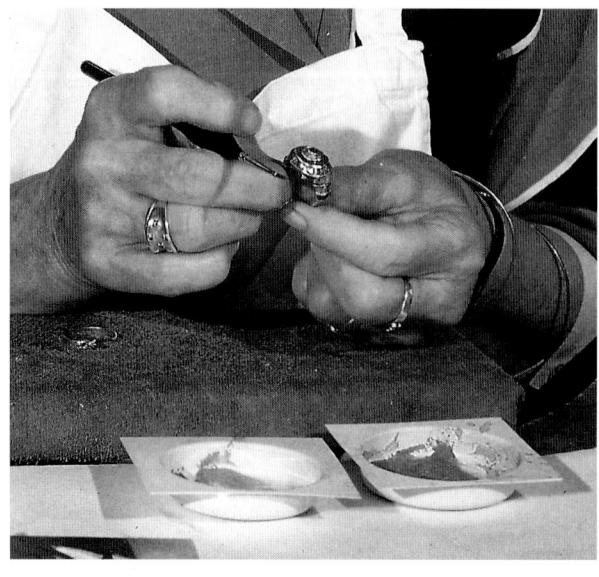

247   Auftragen der Emailfarbe auf einen goldenen Ring.

248 Gürtelschließe. Oberflächenstrukturiertes Kupfer, durch Schweißen durchbrochen, emailliert in Blautönen.
5×8 cm

249 Zwei geschweißte Vasen, emailliert nach mehrschichtigem Aufstreuen von Emailpulver. Besondere Oberflächenstruktur durch Aufschweißen von Kupferraupen.
12×15 cm

250 Schale von Gertraud Herger, in Schweiß-Technik strukturiert, blau emailliert und galvanisch vergoldet.
∅ 16 cm, Höhe 10 cm

Schweißbrennen

Die Heimat vieler handwerklicher Verfahren ist – wie schon mehrfach erwähnt – das alte Ägypten. Wenn wir den Historikern glauben dürfen, dann haben die Handwerker der Zeit zwischen 2052 und 1785 v. Chr. bereits das Schweißen und Löten beherrscht. Sie setzten diese Verfahren bei der Herstellung goldenen Brustschmucks ein. Für uns besonders bemerkenswert ist die Tatsache, daß diese Fertigkeit im Zusammenhang mit Email erwähnt wird. Zu Zellenschmelzarbeiten hatte man feine Metalltrennwände zwischen Email geschweißt. Dazu benutzte man einen mit Holzkohle geheizten und mit einem Mundgebläse geschürten Ofen. Das erinnert mich an das Arbeitsverfahren meines Vaters. In seiner Goldschmiedewerkstatt war ein Blasebalg, der die gleiche Funktion hatte.

Um Schmuck, Schalen oder Vasen individuell und mit Struktur zu schaffen, können Sie Metalle umformen, unregelmäßige Öffnungen einschweißen, Kanten abrunden und deformieren. Auch durch das Auftragen von Schweißnähten entstehen immer wieder interessante Gebilde.

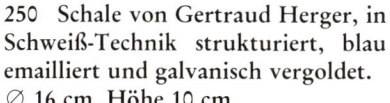

Montieren

Ihr Emailwerk ist fertig. Nun stehen Sie vor einer kniffligen Frage: Wie soll es montiert werden?

Es gibt viele verschiedenartige Möglichkeiten, eine Arbeit »unter Rahmen« zu bringen. Da bieten sich Holz- und Metallrahmen an, Schiefer und Holzplatten können als Träger dienen, Textilien und viele Kunststoffe können als Umrahmung genommen werden. Eine aus Budapest überlieferte Regel eines Kunstfreundes sagt: Ein Emailkunstwerk sollte mit dem Rahmen ästhetisch verschmelzen. Es sollte kein Gesamtwerk in dem Sinn entstehen, daß erst »der Rahmen das Bild macht«.

Erproben Sie einige der vielen Möglichkeiten. Oft ist es Glückssache, wenn man auf Anhieb die richtige Montage findet.

Denken Sie daran, daß man zahlreiche Emailplatten auch aufkleben kann. Hierzu eignen sich Silikon-Kleber vorzüglich, da Sie Unebenheiten der Platte gut ausgleichen können.

Wenn Ihre Emailarbeit aus mehreren Platten zusammengesetzt ist, dann sollten Sie daran denken, vor dem Emaillieren in die Platten kleine Löcher einzubohren, damit Sie nach dem Brand die einzelnen Segmente mit Schrauben auf die Trägerplatte fixieren können. Dies gilt vor allem, wenn es sich um die Wandgestaltung einer Außenfront handelt.

Wenn Sie Metall mit Mechaniken verbinden wollen, sollten Sie einen Lötdraht benutzen. Er ist so beschaffen, daß er bei niedrigeren Temperaturen als Metall schmilzt. Anlöten ist die solideste Verbindung bei Broschierungen und Aufhängevorrichtungen für Anhänger und Bilder. Sie erreichen neben der soliden handwerklichen Verarbeitung auch eine optimale Sicherheit. Achten Sie aber darauf, daß Sie das richtige Lötmetall verwenden. Je nach Metall muß es leicht-, mittel- oder strengfließend sein.

Heutzutage lassen sich Metalle auch kleben. Es gibt sehr gute, nach Belastung und Metall gestaffelte Klebstoffe, die jedem Anspruch gerecht werden; lassen Sie sich von Ihrem Fachhändler beraten.

◁ 251 »Traumhaus« von Gabriele Fischer-Kilian. Motivzuschnitte aus Kupfer, emailliert und zur Bilddarstellung montiert.
10×10 cm

252 Emailbild in Misch-Technik von Josef Ammann, Schweiz, mit montierten Kupferteilen.
70×70 cm

FEHLERQUELLEN

Sprünge und Risse

Beim Aufschmelzen von transparenten Emails treten häufig Sprünge und Haarrisse auf, besonders in den Randzonen. Diese werden hervorgerufen
– durch zu schnelles Abkühlen oder
– durch Überbeanspruchung des Materials beim Säubern der Kanten.

Fehlerbeseitigung:

Brennen Sie Ihr Werkstück noch einmal. Achten Sie besonders auf solides Gegenemail. Wenn Sie die Kanten nachschleifen, feilen Sie nur entlang der Kante und niemals gegen die Kante.

Email springt ab

Beim Brennen und Abkühlen entstehen Spannungen im Material, da Metall und Email sich unterschiedlich ausdehnen. So kann es vorkommen, daß Email abspringt. Ferner können folgende Fehlerursachen vorliegen:
– das Kupferblech ist zu dünn;
– das Gegenemail fehlt;
– das Werkstück ist zu schnell abgekühlt oder
– das Werkstück ist verbogen.

Fehlerbeseitigung:

Wenn die Emailschicht an einer Stelle bis zum Grund abgesprungen ist, dann schleifen Sie mit der Karborundfeile unter Wasser einen Übergang zur Restemailfläche, damit keine scharfen Bruchkanten entstehen. Die Lücke füllen Sie durch einen Naß- oder Trockenauftrag aus und zwar ein wenig über den Rand der Fehlerstelle hinaus. Danach vorsichtig einbrennen.

Email zieht sich am Rand zurück

Dieser Fehler kann folgende Ursachen haben:
– am Metallrand befindet sich ein Grat;
– an der Randzone ist das Email zu dick aufgetragen;
– die Metallunterlage wurde vor dem Brennen nicht gereinigt oder
– die Brenntemperatur war zu hoch.

Fehlerbeseitigung:

Gleichen Sie den Wulstrand mit der Karborundfeile aus. Schleifen Sie die Zunderschicht, die sich gebildet hat, wieder metallisch rein. Danach können Sie die Randfläche durch einen Naß- oder Trockenauftrag ausbessern und nachbrennen. Sollte der Ausgleich beim ersten Nachbrand noch nicht gelingen, müssen Sie den Auftrag nochmals wiederholen.

Oxidationsflecken nach dem Brennen

Solche Flecken erscheinen, wenn
– die Oberfläche nicht metallisch rein war,
– das Emailpulver zu dünn aufgetragen wurde oder
– das Emailpulver zu feucht war.

Fehlerbeseitigung:

Wiederholen Sie den Brennvorgang. Vorher streuen Sie über die Fehlerstellen noch einmal dünn nach. Nehmen Sie dazu Opak-Email, das die Brennfehler abdeckt. Es ist eine Notlösung, sicherlich. Nur gelingt es bei transparenten Emails recht selten, die Oxidationsflecken zu beseitigen.

Blasen und Poren

Blasen und Poren auf Ihrem Werkstück haben folgende Fehlerursachen:
– beim Naßauftrag ist die Feuchtigkeit vor dem Brand nicht restlos verdunstet;
– der Untergrund ist schlecht oder unzureichend gereinigt;
– Reinigungsrückstände sind auf dem Metall verblieben oder die Brenntemperatur war zu hoch.

Fehlerbeseitigung:

Schleifen Sie die Blasen vorsichtig ab, säubern Sie die Schadstellen, tragen Sie Emailpulver nach und brennen Sie erneut bei der entsprechenden Temperatur (s. Brenntabelle Seite 16).

Die Oberfläche ist rauh und uneben

Dieser Fehler resultiert aus folgenden Ursachen:
– die Brenntemperatur war zu niedrig oder
– die Brenndauer war zu kurz.

Fehlerbeseitigung:

Brennen Sie erneut ein. Beachten Sie die richtigen Temperaturwerte (s. Brenntabelle Seite 16) und beobachten Sie den Brand.

Schmuck

253-257 Anhänger und Broschen, in Silber geformt, gegossen, gesägt und emailliert (253). Ringe, Broschen, Kreuz aus Gold, emailliert (254). Anhänger, aus Silber gegossen und emailliert (255). Anhänger aus Kupferzuschnitten, emailliert (256) und Anhänger mit verschiedener Farbgebung (257).

253 △

254 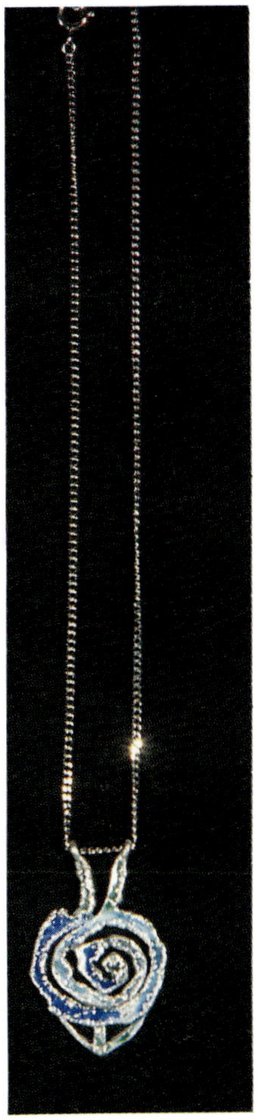 △   255  △   256 △   257 ▽

Verfärbungen

Manchmal treten bei weißem Email grüne Flecken und Ränder auf, bei rotem Email gibt es schwarze Flecken: man nennt sie Oxidationsflecken (s. S. 62). Diese Flecken entstehen durch zu große Hitze oder durch einen zu langen Brand.

Fehlerbeseitigung:

Streuen Sie nochmals Emailpulver auf und brennen Sie bei schwächerer Hitze.

Glas-, Quarz- oder Mosaiksteine heben sich ab

Die Gründe dafür sind:
- Sie haben ohne Gegenemail gearbeitet oder
- Sie haben die Steine zu dicht nebeneinandergelegt.

Fehlerbeseitigung:

Brennen Sie Gegenemail auf, bestreuen Sie die Oberfläche dünn mit Transparent-Email. Legen Sie die Steine auf und brennen Sie erneut ein!

Fehler bei Transfer- und Schiebebildern

Hier lassen sich zwei grundsätzliche Fehler unterscheiden:

Die Bilder lassen sich nach dem Brand abreiben. Die Gründe dafür:
- die Schiebebilder wurden zum Einweichen in unsauberes Wasser gelegt;
- die voremaillierte Oberfläche war nicht sauber;
- die Brennzeit war zu kurz oder
- die Brenntemperatur war zu niedrig.

Transfer- und Schiebebilder verbrennen. Das hat folgende Ursachen:
- der Auftrag erfolgte nicht blasenfrei;
- die Trockenzeit wurde nicht eingehalten oder
- die Brenntemperatur war zu hoch.

Fehlerbeseitigung:

Das Bild muß abgekratzt oder abgeschliffen werden. Reinigen Sie danach die Oberfläche und brennen Sie sie ein. Anschließend können Sie ein neues Bild auftragen und einbrennen.

Stegdrähte lösen sich ab

Mehrere Gründe können hier vorliegen:
- das Werkstück ist nicht gegenemailliert;

- die Fondantschicht ist nicht gleichmäßig aufgetragen;
- beim Einschieben in den Ofen wurde die Arbeit erschüttert oder
- das Werkstück wurde zu schnell abgekühlt.

Fehlerbeseitigung:

Reinigen Sie die Stegdrähte, streuen Sie nochmals Farbe nach und brennen Sie erneut. Drücken Sie herausragende Stege mit einem zunderfreien Brennschieber in den noch flüssigen Emailschmelz.

Blattsilber verfärbt sich

Dies kann beim Überbrand mit transparenten Emails geschehen. Die Ursachen dafür sind dann:
- das Blattsilber hatte bereits vor dem Einbrand eine Anlaufoxidation;
- Wasser- oder Haftmittelrückstände auf dem Blattsilber wurden übersehen;
- die Brennzeit war zu lange oder
- die Brenntemperatur war zu hoch.

Fehlerbeseitigung:

Wenn sich das Blattsilber dunkelbraun bis tiefschwarz verfärbt hat, läßt sich der Fehler nicht mehr beheben. Wenn nur eine leichte Gelb- oder Braunfärbung sichtbar ist, können Sie diese mit einem dunkeltransparenten Email überstreuen und nochmals brennen. Verwenden Sie zum Nachbrennen ein weichbrennendes Email.

Zundersprung beim Brennvorgang

Dieser Brennfehler hat folgende Gründe:
- Brennblech bzw. Gegenemailständer sind stark verzundert oder mit abgelaufenem Email bedeckt, oder aber
- Sie haben bei Stegarbeiten vor dem zweiten Brand nicht entzundert.

Fehlerbeseitigung:

Legen Sie Ihre Brennhilfsmittel oder den Gegenemailständer, die mit Emailrückständen behaftet sind, in den Brennofen. Werfen Sie die rotglühenden Teile in kaltes Wasser. Sollte beim ersten Versuch nicht alles abspringen, müssen Sie den Vorgang wiederholen.

Zunderteilchen, die auf der Oberfläche eingebrannt sind, müssen mit der Karborundfeile unter Wasser entfernt werden.

Wenn es sich um verzunderten Stegdraht handelt, kann dieser mit einer feinen Messing- oder Drahtbürste vorsichtig abgebürstet werden. Den Rest entfernen Sie mit einem spitzen Dreikantschaber. Nach dem Reinigungsprozeß muß das Werkstück gründlich abgespült und getrocknet werden. Verwenden Sie zum Reinigen oder Spülen keine Säure; sie unterwandert den Draht und teilweise auch die Emailschicht, die dann abplatzt.

Farbflecken in der gebrannten Oberfläche

Die Gründe dafür liegen in aller Regel bei folgenden Punkten:
– Sie haben nicht sauber gearbeitet oder aber
– in Ihrem Streusieb (Pinsel bei Naßauftrag) waren Reste von anderen Farben.

Fehlerbeseitigung:

Entfernen Sie mit der Karborundfeile die Farbflecken, streuen Sie saubere Farbe ein und brennen Sie erneut.

Fehler mit öllöslichen Malemails

Folgende Ausfallerscheinungen können auftreten:
Die aufgemalten Motive reißen beim Brennen. Hierfür gibt es folgende Ursachen:
– der Emailträger ist nicht gegenemailliert;
– die Malfarbe war zu dick angerieben oder
– die Trockenzeit von 12 Stunden wurde nicht eingehalten.
Farbveränderungen nach dem Einbrennen haben folgende Gründe:
– die Malfarbe war zu dünnflüssig oder
– die Brenntemperatur war zu hoch (Soll: 680° C – 720° C).
Malfarben werden matt: Das kann folgende Ursachen haben:
– die Malpaste war zu dick;
– die Malpaste war mit ungeeignetem Malöl angerührt oder
– die Brenntemperatur war zu niedrig.

Fehlerbeseitigung (für alle drei Fehlerquellen):

Ein Ausbessern lohnt sich in den seltensten Fällen, da der Aufwand in keinem Verhältnis zum Ergebnis steht. Sie sollten durch sorgfältiges Vorbereiten die drei oben genannten Fehlerquellen möglichst ausschalten. Benutzen Sie beim Anreiben der Farben gut verbrennbare Öle wie Sandelholzöl, Dicköl, Lavendelöl, Nelkenöl oder Terpentin. Beobachten Sie sorgfältig die Trockenzeit und den Brennvorgang!

Transparente Emails werden trüb

die Fehlerursachen können hier recht zahlreich sein:
– Das Email wurde zu dick aufgetragen;
– die Brenntemperatur war zu niedrig;
– zum Ausschlämmen wurde kalk- oder mineralhaltiges Wasser verwendet;
– das Emailpulver war zu feucht gelagert oder
– es wurde nichtgewaschenes Email verwendet.

Fehlerbeseitigung:

Brennen Sie Ihr Werkstück nochmal bei 850° C. Wenn der gewünschte Effekt noch nicht eintritt, können Sie ein farbähnliches, opakes Emailpulver aufbrennen.

Ferner gibt es die Möglichkeit, die trübe Emailschicht abzuschlagen, den Träger zu reinigen und mit ausgeschlämmtem Email zu bestreuen und neu zu brennen.

Schmuck

258-262 Collier von M. und D. Gilbert, Frankreich, fein geätzt, mit dezentem Emailfarbauftrag (258). Broschen aus Kupferzuschnitten, emailliert (259, 260 oben). Brosche aus Silber in Cloisonné von Matthias Helbig (260 unten).
Collier aus zugeschnittenen Elementen und Kupferstreifen, emailliert (261) und Collier, aus Kupferrohr abgesägt und emailliert (262).

258 △

259 △   261 ▽

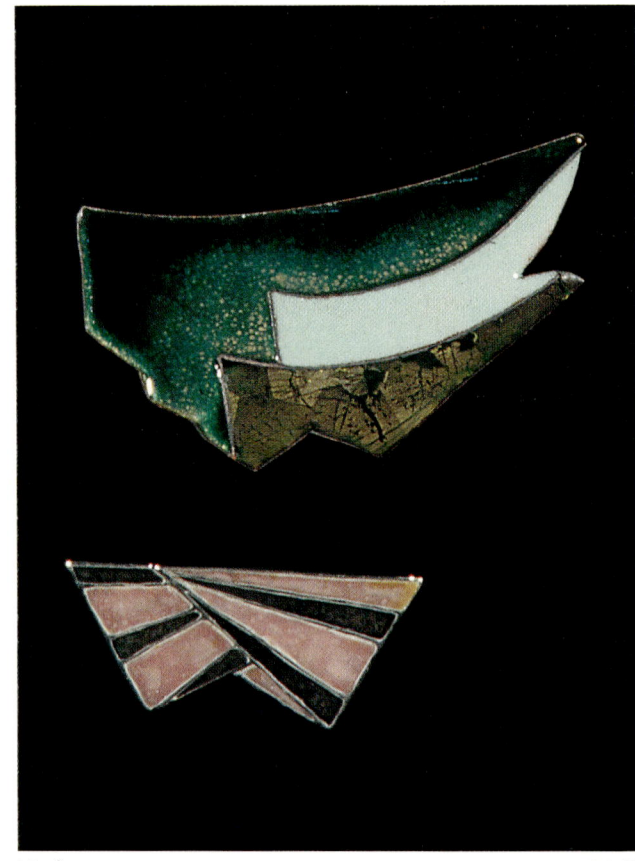

260 △   262 ▽

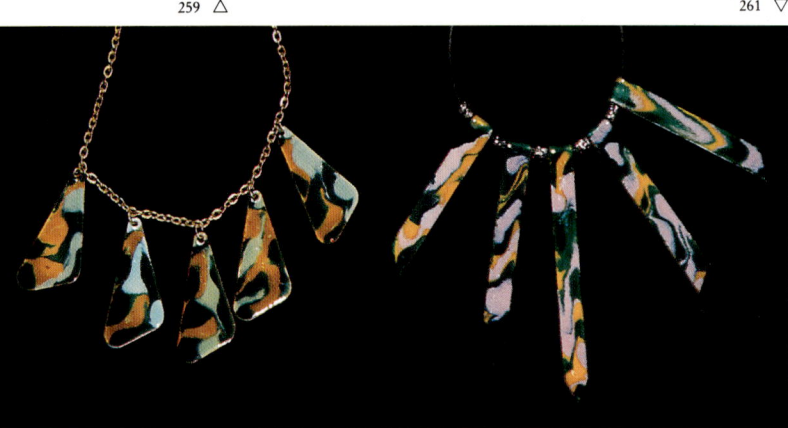

263 △

263-267 Anhänger, Armreif, Ohrclips und Pillendosen in Cloisonné, mit Silberfolieneinlage gefertigt von Luise Görlitz, Schülerin von Kurt Hasenohr.

264 △

266 ▽

265 △

267 ▽

GLOSSAR

Karlheinz Pelzer

ÄTZEN
Mit Hilfe von Säuren werden Motive, Formen oder einfache Vertiefungen aus dem Metallgrund herausgearbeitet.

À JOUR
➼Fenster-Email

AQUARELL
Dies ist eine der schwierigsten malerischen Techniken, da bei der Ausführung kaum Korrekturen möglich sind. Das Aquarell verzichtet auf deckende Farben. Der das Bild tragende Untergrund scheint durch und wird durch den farblichen Aufbau eingebunden. Man verwendet beim Aquarell möglichst klare, ungebrochene Farben in dünnstem Auftrag. Tonabstufungen erreicht man durch die Intensität des Auftrags, nicht durch Grundierung oder Mischung mit Weiß oder Schwarz. Malgrund ist heute zumeist Papier. Früher auch Seide, Pergament, feine Gewebe, ja sogar Elfenbein.

Aquarellieren als eine Technik des Emails ist relativ jung.

AUFGLASURMALEREI
➼Glasur

BASSE-TAILLE-EMAIL (Émail translucide de basse taille)
Bei diesem Emaillierverfahren wird das Muster in Metall graviert oder auch maschinell eingetieft und dann mit einer oder mehreren transluziden (transparenten) Emailschichten abgedeckt. So erzielt man einen Intaglio(Gemmen)effekt. Das Verfahren wurde im 13. Jahrhundert in Pisa entwickelt und zum Verzieren von Silbergegenständen verwendet.

BEIZE(N)
Ein mehrdeutiger Begriff. Wir finden ihn nicht nur in den Bereichen Metall (ätzen), Küche (einlegen), Jagd (Falkenbeize), Holz (einfärben) und Kupferstecherei (eingravieren), sondern auch bei der Färberei, der Desinfektion und der Medizin. In der Emailtechnik:

Metalle für die Weiterbehandlung durch Säure oder B-Mittel von der Oxidschicht befreien. Gewöhnlich nehmen wir dazu eine Mischung aus Essig und Salz (Salpetersäure).

BLATTGOLD
Aus dünnem Goldblech werden hauchdünne Blättchen ausgeschlagen oder ausgewalzt. Blattgold oder auch Blattsilber wird bis zu einer Feinheit von etwa 0,000125 mm gedünnt. Es wird sowohl als Auflage bei Skulpturen, Bilderrahmen, Schmuck und Möbeln wie auch als Gestaltungsmittel in der Emailkunst eingesetzt.

BLATTSILBER
➼Blattgold

BLOIS-EMAIL
Eine Technik, die um 1630 von J. Toutin entwickelt wurde. Sie wurde vornehmlich in Blois (daher der Name), später in Genf zur Dekoration von Taschenuhren eingesetzt. Die Miniaturen stellen meist Früchte, Blumen und szenische Bilder dar. Bis etwa 1650 wurden sehr lebhafte Farben verwendet.

BLUTEMAIL
Dies ist eine Furchenschmelztechnik. Es handelt sich um eine Sonderform des Grubenschmelz-Emails, bei der die in den Metallgrund eingegrabene Zeichnung mit roter Schmelzmasse gefüllt wird.

CHAMPLEVÉ (Grubenschmelz-Email)
Bei dieser Technik werden flache Gruben im Metalluntergrund mit verschiedenfarbigen Glasschmelzen gefüllt. Nach dem Brand werden sie mit den Metallteilen gleichgeschliffen. Erster Höhepunkt dieser Technik im 1.-3. Jahrhundert in der keltischen Kunst. Im Hochmittelalter wurde sie in den Schulen von Paris, Namur, Reims, Limoges, Köln und Mailand angewandt. Herausragender Vertreter: Nikolaus von Verdun.

CLOISONNÉ (Émail cloisonné), Zellenschmelz
Eine Technik, bei der dünne Metallstege, meist Gold, auf den Metalluntergrund aufgeschmolzen werden. Danach werden die so entstandenen Zellen mit transparentem Email ausgefüllt, das nach dem Brand abgeschliffen und poliert wird. Cloisonné wurde besonders in der karolingischen Kunst angewandt. Herausragende Meisterschaft erreichte die byzantinische Kunst des 10. Jahrhunderts. Eine Sonderform bildet das chinesische Cloisonné.

COBURGER KREIS
Ein Künstlerkreis mit Sitz in Coburg / Deutschland.

COLLAGE
Wörtlich: Zusammengeklebtes. Collagen nennt man Kunstformen, in denen ursprünglich nicht zusammengehörende Teilelemente zu einem neuen Ganzen komponiert werden. Collagen kennt man in der Form der Papier-Collagen, Material-Collagen, Musik-Collagen. Neuerdings ist die Collage auch in der Emailkunst heimisch geworden.

CONTRE-EMAIL
➥Gegenemail

CRAQUELÉ
Dies ist eine feine, netzartige Rißbildung in der Glasur oder in der Oberfläche eines Glases (sog. Eisglas). Craquelé kann durch unterschiedlich schnelles Erkalten von Glasur und Trägermetall herbeigeführt werden.

Craquelé ist auch aus der Malerei (entweder als Materialfehler oder als Alterserscheinung) und aus der Porzellanherstellung bekannt. Berühmt sind chinesische Vasen, bei denen die Craquelé-Bildung bewußt herbeigeführt wurde.

CREATIV-KREIS-INTERNATIONAL
Ein Künstlerkreis, der etwa 100 Künstler aus 30 Ländern umfaßt. Vorwiegend Email, Keramik, Textilkunst. Gründung 1979 durch G. Rittmann-Fischer, Deidesheim / Deutschland.

DRAHTEMAIL (Filigran-Email)
Dies ist eine Sonderform des Émail cloisonné. Hier bilden (aufgelötete) Silberdrähte die Zellen.

EMAIL
Dieser grundlegende Begriff umfaßt ein Schmelzgemisch aus glasbildenden Ausgangsstoffen, das mittels verschiedener Metalloxide gefärbt werden kann. Künstlerische Anwendung findet es in verschiedenen Techniken. Es wird vorwiegend auf Metall aufgebracht (Kupfer, Silber, Gold, Tombak), aber auch auf Glas und Keramik.

EMAILFARBEN
Farbige Gemische, die aus pulverisiertem Glas und feinverteilten Metalloxiden hergestellt werden. Sie werden zum Bemalen von Porzellan, Steingut und Fayence verwendet; Auftrag über der Glasur. Daher nennt man sie auch Überglasur- oder Aufglasurfarben. Bei 500° C bis 1000° C werden sie im Muffelofen gebrannt. Daher auch der Name Muffelfarben.

EMAILMALEREI
Bezeichnung für alle Verfahren des malerischen Auftragens und späteren Aufschmelzens von Emailfarben. Im engeren Sinn meint man mit Emailmalerei das von Frankreich in der 2. Hälfte des 16. Jahrhunderts ausgegangene Verfahren, bei dem eine weiß emaillierte Metallfläche mit reinen Metalloxidfarben bemalt wird.

Die Technik der Emailmalerei auf Glas ist seit der Zeit der Römer bekannt. Emailmalerei auf Keramik ist seit dem 13. Jahrhundert in Nordchina angewandt worden.

EMAILPLASTIK (Émail en ronde bosse)
Hierbei werden Reliefs, Metallplastiken oder getriebene Arbeiten ganz oder zum Teil mit Email überzogen.

FENSTER-EMAIL (Émail de plique à jour)
Eine Sonderform des Cloisonné, bei der Stege ohne Metallgrund der transparenten Emailmasse den Halt geben.

Fenster-Email wirkt wie ein Glasfenster. Es ist auf kleine Formate beschränkt. Fenster-Email ist eine seltene Technik, die seit dem 11. Jahrhundert besonders in Rußland und den skandinavischen Ländern praktiziert wurde.

FONDANT (franz. fond = (Unter)Grund)
Fondant ist eine Grundfarbe, die bei vielen Techniken als Träger für spätere Emailfarben als erste auf die Platine aufgetragen wird.

FROMERY
Emailwerkstatt in Berlin. Hauptproduzent in Europa vor 1750. Meisterhafte Technik der Goldreliefauflage bei Emaildosen, die gelegentlich mit transparentem Email überzogen wurden. Nach 1750 Rückgang infolge des Aufkommens von Porzellan.

GEGENEMAIL (Contre-émail)
Metall und Glas haben verschiedene Ausdehnungskoeffizienten. Wenn Email auf Metall aufgeschmolzen ist und sich anschließend abkühlt, reagieren Glasfluß und Metall verschieden. Es kommt zu Rißbildungen und Brüchen in der Emailmasse. Um dies zu verhindern, wird auf der Rückseite des Werk-

Dose, Broschen,
Schalen, Bilder

268 Holzdose mit Emaileinlage. Streu- und Schablonen-Technik.
⌀ 15 cm, Höhe 4 cm

269 Broschen mit Blattsilber und Blattgold.
Links 6×3,5 cm; rechts ⌀ 5 cm ▽

270 Broschen in Stegemail und Naßauftrag.
⌀ 5 cm ▽

271 ▽

272 ▽

273 ▽

274 »Landscap«. Emailbild in Streu-
und Mal-Technik sowie in Naßauftrag.
45×15 cm △

275 »Baum« von Epp Linnaks, Estland. Zeitaufwendig gesägter Emailträger aus Email-Tombak, emailliert
in à jour-Technik, rohe Flächen auf
Hochglanz poliert.
14×20 cm

◁ 271-273 Drei Schalen, einmal
mit Blattsilber (271), in Oxid-Technik
(272) und in Schablonen-Technik
(273).
Je ca. 6×9 cm

stücks vor dem Oberflächenbrand eine Emailschicht aufgebrannt, um die Spannungsverhältnisse auszugleichen.

GLAS

Ein anorganisches Schmelzprodukt, das bei Abkühlung auf Normaltemperatur hart und spröde wird, ohne aber zu kristallisieren. Es besteht in erster Linie aus Kieselsäure (Siliciumoxid), meist in der Form von Quarzsand. Als Flußmittel, die den Schmelzpunkt des Glases absenken, dienen vor allem Natrium und Calcium in der Form von Soda und Pottasche.

Farbiges Glas entsteht unbeabsichtigt, wenn die Glasmasse Unreinheiten enthält; beabsichtigt, wenn man Metalloxide hinzufügt. Glas ist im erhitzten Zustand formbar durch Blasen, Gießen, Strecken, Walzen und Pressen.

Glas reiht sich als Werkstoff in Form von Steinen, Perlen, Facetten und Fäden nahtlos in die Materie Email ein.

Glasherstellung und Glaskunst sind seit dem frühen Altertum bekannt. Sie erblühten im alten Ägypten in der 18. Dynastie (etwa 1500 v. Chr.).

GLAS-EMAIL (Émail en resille sur verre)

In einen Glasgrund wird ein Motiv eingraviert und mit Blattgold ausgelegt. Die Vertiefungen werden danach mit transparentem Email gefüllt. In Frankreich im frühen 17. Jahrhundert gebräuchlich.

Schon den Römern war eine Technik bekannt, bei der Emailpulver auf ein Glas aufgetragen wurde. Fast gleichzeitig mit dem Beginn des Schmelzens der Farbe wurde auch das Trägerglas weich, so daß die Farbe haften blieb. Da es damals noch keine genauen Meßmethoden gab, waren hohe Geschicklichkeit und viel Erfahrung erforderlich, wenn das Werk gelingen sollte. Beispiele dieser seltenen Technik findet man im Römisch-Germanischen Museum (Köln) und in der Schatzkammer von San Marco (Venedig).

Wegen der hohen Bruch- und Schmelzgefahr der Gläser hielt sich die Technik nicht lange.

GLASUR

Glasur ist ein harter, glasähnlicher, wasserdichter Überzug, der im Glasurbrand (auf Keramiken, Metall etc.) aufgeschmolzen wird. Je nach Zusammensetzung ist die Glasur durchsichtig, opak, farbig oder farblos, glänzend oder matt. Bei den verschiedenen Email-Techniken dienen die Emailfarben als Glasur.

GLYZERIN

Dies ist ein Seifennebenprodukt. Die klare, geruchlose Flüssigkeit ist in Drogerien erhältlich. Glyzerin ist ein sehr gutes Lösungsmittel, das viele nicht in Wasser lösliche Substanzen und auch Metalloxide auflöst. Für die Verwendung in der Emailtechnik s. S. 38.

GOLD

Ein kostbares Edelmetall, das auch im Rohzustand bearbeitbar ist. Seine gelbliche Farbe läßt bei Emailarbeiten den Untergrund gut durchscheinen. Gold ist das dehnbarste aller Metalle und besonders resistent gegen Korrosion und Lösungen. Wegen seiner geringen Härte wird es meist mit anderen Metallen legiert. Sein Anwendungsbereich liegt vornehmlich bei Schmuck und sakralen Gefäßen.

GRAPHIT

Ein Mineral aus reinem Kohlenstoff, auch als Graphit-Schwärze und Glanzerz bekannt. Graphit ist ein Bestandteil der Bleistiftminen. In der Emailtechnik kann es als Schrift- und Zeichenelement eingesetzt werden (s. S. 46).

GRAVIEREN

Dies bedeutet vertiefte, auch erhabene Schriften oder Zeichnungen auf harten Oberflächen (Metall, Stein, Elfenbein, Glas . . .) ausführen. Dazu benutzt man Graviernadel, Meißel, Punze, Grabstichel oder Graviermaschine. Gravieren ist wahrscheinlich die älteste bekannte Technik der Metallverzierung. Seit dem 16. Jahrhundert gibt es Vorlagenbücher mit Ornamenten, die Gold- und Silberschmieden als Anregung dienten.

GRUBENSCHMELZ-EMAIL
➥ Champlevé

HÄRTEGRAD

Die Festigkeit, die Mineralien beim Ritzen zeigen, ist ein Maßstab für ihre Härte. Je fester die Atome miteinander verbunden sind, desto schwieriger ist es, ein Mineral zu ritzen. Diamant ist die härteste aller Substanzen. Am entgegengesetzten Ende der Skala stehen sehr weiche Mineralien wie Talk und Graphit. Der Mineraloge Friedrich Mohs (1773-1839) entwickelte eine Skala der Härtegrade von 1 bis 10 (z. B. H1 = Talk, H10 = Diamant). Der Härte entsprechend liegen auch die Schmelzpunkte.

KARBORUND

Verbindung aus Silicium und Kohlenstoff (Siliciumcarbid); dient als Schleifmittel, mit einer Härte ähnlich der von Diamanten.

KOLLIER

Halsschmuck aus Metall, Edelsteinen, Perlen, Email, Glas, Fayencen und anderen Materialien. Halsketten gehören seit den Anfängen der Menschheit zum bevorzugten Schmuck. Email wurde bereits bei Halsketten ägyptischer Königsgräber gefunden. Im 17. und 19. Jahrhundert war Email bei der Herstellung von Kolliers besonders beliebt.

KOLOPHONIUM

Dies ist der feste Rückstand, der bei der Destillation von Terpentinöl aus Rohterpentin übrigbleibt. Es wird als Lötflußmittel eingesetzt. Bei Transfer- und Schiebebildern dient es als Schutzschicht.

LACHENAL, Edmond (1855-1930), der Erfinder des Émail velouté, der Oberflächenätzung der Glasur im Säurebad.

LIMOGES

Stadt in Mittelfrankreich, seit dem frühen Mittelalter Zentrum der europäischen Emailkunst. Seitdem 1764 bedeutende Kaolinvorkommen nahe der Stadt gefunden wurden, ist Limoges auch ein bedeutendes Porzellanzentrum.

LIMOSINER EMAIL

Bezeichnung für Emailarbeiten aus Limoges (Frankreich). Blütezeit im 12.-14. Jahrhundert. Zunächst wurden in Klöstern Kultgefäße hergestellt (Reliquiare, Plaketten, Schreine, Kelche usw.). Später bestimmten Laienwerkstätten die Kunst. Weitgespannte Handelsbeziehungen brachten die Platten, Kannen, Vasen und Plaketten in viele europäische Länder. Bevorzugtes Verfahren war die Grubenschmelz-Technik (Champlevé). Auf meist blauem Untergrund wurden mehrfarbige Dekors angelegt.

Mit der Entwicklung des Maleremails im 16. Jahrhundert lebte die Limosiner Emailkunst wieder auf. Bis zum Ende des 17. Jahrhunderts zunehmender Verfall. Ab der Mitte des 19. Jahrhunderts wurden in Paris Reproduktionen angefertigt. Heute ist Limosiner Email wieder an der Spitze der internationalen Entwicklung.

MALEREMAIL

Malerei mit Emailfarben: Auf einem mit einer einfarbigen – meist weißen – Unterschicht überzogenen Metallgrund werden mehrere opake Schmelzschichten steglos aufgetragen. Die Rückseite ist in jedem Fall gegenemailliert, um ein Verziehen der Platte zu verhindern. Die Technik des Maleremails wurde im 15. Jahrhundert in Limoges verbessert. Dort stand sie bis zur Mitte des 17. Jahrhunderts in hoher Blüte. In Deutschland nahm sich vor allem die Manufaktur Fromery in Berlin des Maleremails an.

MILLEFIORI-GLAS

(ital. = tausend Blüten). Millefiori-Glas ist ein mosaikartiges, vielfarbiges und blumenartig gemustertes Glas. Es entsteht durch das Zusammenschmelzen verschiedenfarbiger Glasfäden, die so angeordnet sind, daß eine Art Blumenmuster im Querschnitt entsteht. Der so hergestellte Glasstab wird in Scheibchen geschnitten, die einzeln als Schmuckelemente eingesetzt oder zu Millefiori-Perlen verarbeitet werden. Die Millefiori-Technik war schon im alten Ägypten bekannt. In Venedig erlebte sie im 15.-16. Jahrhundert eine Wiederbelebung.

MINIATUR

(abgeleitet vom lat. minimum = Mennige). Ursprüngliche Bezeichnung für die Rotmalerei auf den Randleisten, den Initialen u. ä. der mittelalterlichen Buchmalerei. Im 15. Jahrhundert Bezeichnung für Kleinmalerei (Bildnismalerei). Im 17. und 18. Jahrhundert sehr beliebt. Sie trat als künstlerischer Schmuck bei Dosen, Spiegeln, Taschenuhren, Broschen u. a. Gebrauchsgegenständen auf. Im 19. Jahrhundert durch das Aufkommen der Fotografie verdrängt.

MOSAIK

Bezeichnung für eine Form angewandter Kunst, bei der aus kleinen farbigen Steinen (Gläsern . . .) Bildnisse zusammengesetzt werden, eine Einlegetechnik.

MUFFELOFEN

Ein Brennofen, in dem das zu brennende Gut durch Muffeln (Schamottekapseln) sowohl vor den Verbrennungsgasen als auch der übergroßen Hitze geschützt wird. Muffelöfen sind seit dem 17. Jahrhundert in Europa in Gebrauch.

OPAK = undurchsichtig.

Bilder

277 Emailbild in Streu-, Schablonen- und Mal-Technik.
20×20 cm ▽

276 Moderne Bilddarstellung in Misch-Technik von Itta Schaja, Schweiz.
30×45 cm ▷

278 Emailbild, mit Schablone, Faden- und Splitteremail gestaltet von Agi Vardi, Israel.
15×15 cm ▽

PAILLONS

So nennt man aus Gold-, Silber- oder farbigen Folien gestaltete Muster, die zwischen zwei Schichten aus transparentem Email eingebettet sind. Die Technik wurde im 18. Jahrhundert von Jean Coteau (1739-1812(?)) in Frankreich entwickelt, wahrscheinlich in Sèvres.

PUNZEN

Ein Eisenstift (Punzeisen) enthält in seiner Spitze ein deutlich ausgeformtes Muster, das durch Einschlagen in Metall dessen Oberfläche gestaltet. Das Verfahren eignet sich besonders zum Anbringen kleiner Ornamente – als Friese oder zur Flächenfüllung.

RELIEF

nennt man eine plastische Darstellung, die auf einer Fläche entwickelt wurde. Entsprechend dem Hervortreten der Darstellung unterscheidet man Flach-Relief, Halb-Relief und Hoch-Relief. Außer in der Bildhauerkunst spielt das Relief auch im Kunsthandwerk eine große Rolle als plastischer Dekor bei Gold-, Silber-, Zinn- und Emailarbeiten.

SCHABLONE

Ausgeschnittene Vorlage, Muster.

SGRAFFITO

Bezeichnung für eine Technik der Dekoration, bei der die Muster mit einem spitzen Instrument durch eine oder mehrere Schichten (Ton, Mörtel, Steinzeug . . .) eingeschnitten werden. Dadurch werden die darunterliegenden Schichten sichtbar.

Sgraffito ist sowohl durch chinesische Arbeiten als auch aus der islamischen Kunst und den Emails aus dem Byzanz des 10. Jahrhunderts berühmt geworden.

SKIZZE

(Erster) Entwurf, flüchtige Entwurfszeichnung.

SKULPTUR

Eine durch Stechen, Schneiden, Graben etc. entstandene plastische Bildhauerarbeit.

STERLINGSILBER

(Sterling Standard) ist der seit angelsächsischer Zeit für englisches Silber verbindliche Feingehalt: 925 Teile Silber auf 1000 Teile Edelmetallegierung. Es enthält also auf 1000 Teile höchstens 75 Teile Zusatzmetall (Kupfer). Der Stempel (Sterling-Marke) garantiert den vollen Feingehalt.

TOMBAK

Dies ist eine rötliche bis goldfarbene Legierung aus Kupfer und Zink, die besonders im 18. Jahrhundert verwendet wurde. Tombak ist wegen seiner Basisfarbe bei Emailarbeiten sehr beliebt.

ÜBERBRAND

Bei Ausnutzung der höchsten Temperatur des Elektroofens und ca. 5 Minuten Brenndauer entstehen bei vielen opaken und opalen Emails beachtliche Farbveränderungen, teilweise mit Zellenrandbildung (s. S. 15 u. 98).

ZELLENSCHMELZ
➺Cloisonné

ZUNDER

Auch Hammerschlag genannt; entsteht durch Oxidation bei höheren Temperaturen auf Eisenmetallen, Kupfer, etc. Zunder ist ein blättriger Glühspan, der bei Weiterbehandlung abspringt oder durch Sandstrahl u. ä. entfernt werden kann.

LITERATUR

Ammann, Josef/Kuhn, Heinrich Josef Ammann. Malerei, Email, Schmuck, Plastiken, sakrale Gestaltung, Zürich 1984

Ball, Fred Experimental Techniques in Enamelling, New York 1972

Barsali, Isa Beli Europäisches Email (Übers. a. d. Italien.), München o. J.

Barten, Sigrid René Lalique — Schmuck und Objets d'art, 1890-1910, München 1977

Brepohl, Erhard Kunsthandwerkliches Emaillieren, Leipzig o. J.

Brepohl, E./Stöver, U./Maue, H. Email international, Bd. 1 u. 2, Kat. z. Int. Emailausst. in Coburg, Coburg 1981/1987

Bunke, H. G. Dosen, Braunschweig o. J.

Clarke, Geoffrey u. a. Emailarbeiten (Übers. a. d. Engl.), Ravensburg o. J.

Conway, Valerie Introducing Enamelling, London o. J.

Detzner, Christian Email, Ettal 1968

Harper, William Emaillieren (Übers. a. d. Amerik.), Bonn-Röttgen o. J.

Hasenohr, Curt Email, Dresden 1969

Hettinger, Gudrun Aparter Email-Schmuck ohne Brennen, Stuttgart 1991

Huppert, Erwin W. Emaillieren leicht gemacht, München 1980

Itten, Johannes Kunst der Farbe, Ravensburg 1988

Küppers, Harald Farbe, München 1987

Küppers, Harald Die Logik der Farbe, München 1982

Lochmüller, Walter Die Kunst zu emaillieren, Stuttgart 1965

Matile, Heinz Mittelalterliches Email, Bern u. Stuttgart o. J.

Matthews, G. L. Enamels, Enamelling, Enamelists, Radnor/Penn. 1984

Miralles, Francesc Vilasis Capalleja. Sabadell/Barcelona 1991

Munz, Lioba Abglanz seiner Herrlichkeit, Fulda 1984

Petzold, Armin/Pöschmann, Helmut Email und Emailliertechnik, Berlin 1987

Rohrig, Floridus Der Verduner Altar, Wien o. J.

Rothenberg, Polly Metal Enamelling, London o. J.

Schäfke, W./Damm, I. u. a. Email. Kunst, Handwerk, Industrie, Köln 1981

Seeler, Margaret The Art of Enamelling, New York o. J.

Speel, Erika Popular Enamelling, London 1984

Speerschneider, Ragna Email- und Metallarbeiten, Hamburg 1970

Steingräber, Erich Email, in: Reallexikon zur deutschen Kunstgeschichte, Bd. 5

Thalheim, Yvonne/Nadolny, Harald Emaillieren, Techniken und Beispiele, Ravensburg 1988

Wessel, Klaus Die byzantinische Emailkunst, Recklinghausen 1967

Wolters-Thirsch, Gemma Email – Schmuck – Gerät, Bonn 1989

Zechlin, Katharina Emaillieren, Stuttgart o. J.

Zick, Gisela Memorialschmuck, Dortmund u. München o. J.

Zimmermann, Rose Emailschmuck selbst gemacht, Freiburg 1975

Kataloge des CKI, von Emailausstellungen des Coburger Kunstvereins, der Limoger und japanischen Ausstellungen; s. a. Brepohl, E. u.a.: Email international.

KÜNSTLER DES CKI
(Creativ-Kreis International),
deren Werke in diesem Buch vorgestellt werden:

Josef Ammann, Schweiz
Dorothee Corvers, BRD
Ulrike Dieffenbach-Fischer, BRD
Burkhard Fischer, BRD
Gabriele Fischer-Kilian, BRD
José Manuel Gárate Legoz, Spanien
Laszlo Gulajas, Kecskemét/Ungarn
Gertraud Herger, BRD
Alexander Karich Jroslavl, UdSSR
John Killmaster, USA
Walter Kleer, BRD
Maria-Angeles Landete-Castella, Spanien
Akiko Miura, Japan
Gábor Rácz, Ungarn
Maria-Rosa Sarda, Spanien
Itta Schaja, Schweiz
Agi Vardi, Israel

BEZUGSQUELLEN

Kupferrohlinge

Heinrich Stedtler
Grimmelshausenstr. 31
1000 Berlin 22

Brennöfen

Vielhaben & Co.
VICO-Brennöfen
Gravelottestr. 95
2800 Bremen 1

Brennöfen

Nabertherm
Bahnhofstr. 5
2804 Lilienthal/Bremen

Brennöfen

Kittel-Brennofen GmbH
Henricistr. 27
5100 Aachen

Emailfarben

Hans Wolbring
Rudolf-Diesel-Straße
5410 Höhr-Grenzhausen

Künstlerbedarf

Hobby-Versand
Postfach 10 55 36
7000 Stuttgart 1

Elektrobrennöfen, Werkzeuge, Rohlinge, Email-farben, Kecskemét-EFCO-Email-Künstlerfarben

Klaus Ruhmann
Boschstraße 12
7135 Wiernsheim

Künstlerbedarf

EFCO-hobbygross
Weilerstr.4 A
7143 Vaihingen

Werkzeuge, Motoren, Emailzubehör

Werkzeug Fischer
Berlinerstraße
7530 Pforzheim

Vergolden, Versilbern von Emailarbeiten

Scheideanstalt Hafner
Postfach
7530 Pforzheim

Emailfarben

Wilhelm Hiller
Werner-Siemens-Str. 28
7530 Pforzheim

Werkzeuge, Kupfer- und Schmuckrohlinge, Email-farben

Lothar Karmoll
Industriestraße 80-82
7530 Pforzheim 13

Künstlerbedarf

Karin Hobby GmbH
Weiler Weg 2-8
7538 Keltern 2

Pinsel

Kremer
Hauptstr. 41
7974 Aichstetten/Allgäu

Farben

Schachinger
Josephspitalstr. 6
8000 München 2

Künstlerbedarf

Signum GmbH
Postfach 12 52
8035 Gauting 1

Pinsel

Hans P. Maier GmbH
8500 Nürnberg 80

Pinsel

Pinsel-Schmidt
Rieterstr. 8
8500 Nürnberg 90

Blattgold

L. Rupprecht
Guntherstr. 26
8500 Nürnberg

Pinsel

Vereinigte Pinselfabriken
Leonhardy & Co. KG
Johannisstr. 41
8500 Nürnberg 90

Zeichenbedarf

A. W. Faber Castell
8504 Stein bei Nürnberg

Blattgold

J. J. Gerstendörfer
Rosenstr. 11
8510 Fürth

Blattgold

Jacob
Wehlauer Str. 81
8510 Fürth 1

Blattgold

Wasner GmbH
Amalienstr. 33
8510 Fürth 1

Blattgold

Busse GmbH
Austr. 4
8540 Schwabach

Blattgold

Eytzinger GmbH
Hansastr. 15
8540 Schwabach

Blattgold

Noris GmbH
Rennmühle 3
8540 Schwabach

Blattgold, Blattsilber

August Rühl oHG
Postfach 16 30
8540 Schwabach

Künstlerfarben

C. Kreul
Hainbrunnenstr. 8
8550 Forchheim

Künstlerbedarf

Stewa-Hobby GmbH
Rosenauer Str. 5
8630 Coburg

Pinsel

Feurer & Sohn GmbH
8802 Burk

Pinsel

Hertlein
Nördlinger Str. 60
8804 Dinkelsbühl

Pinsel

Zahn Pinsel GmbH
Kanalstr. 9
8809 Bechhofen

Pinsel

BZ-Pinselfabrik
Stadtfeldstr. 24
8829 Ornbau

Blattgold

C. Kühny
Hermanstr. 31
8900 Augsburg 1

AUSBILDUNGS-MÖGLICHKEITEN

Fachhochschule Düsseldorf
Staatl. Zeichenakademie Hanau
Emailakademie in Kecskemét/Ungarn
Goldschmiedeschule Pforzheim
Kunst-Akademie in Tarragona/Spanien
(Prof. André Vilasis)

BILDNACHWEIS

Alle Aufnahmen für dieses Buch stammen von Norbert Zweipfennig und André Khan bis auf folgende Abbildungen:
4, 5, 15, 18, 19, 22, 109, 130, 173, 183, 199, 241 und 275 von August Fischer; 8 und 9 von Fa. EFCO; 168 von H. G. H. Meyer.

STICHWORTREGISTER

Die geraden Ziffern verweisen auf die Textseiten, die *kursiven* auf die Abbildungsnummern.

124

EFCO Das große **Emailprogramm**
zum creativen Gestalten

Frau Rittmann Fischer arbeitet mit EFCO-Produkten

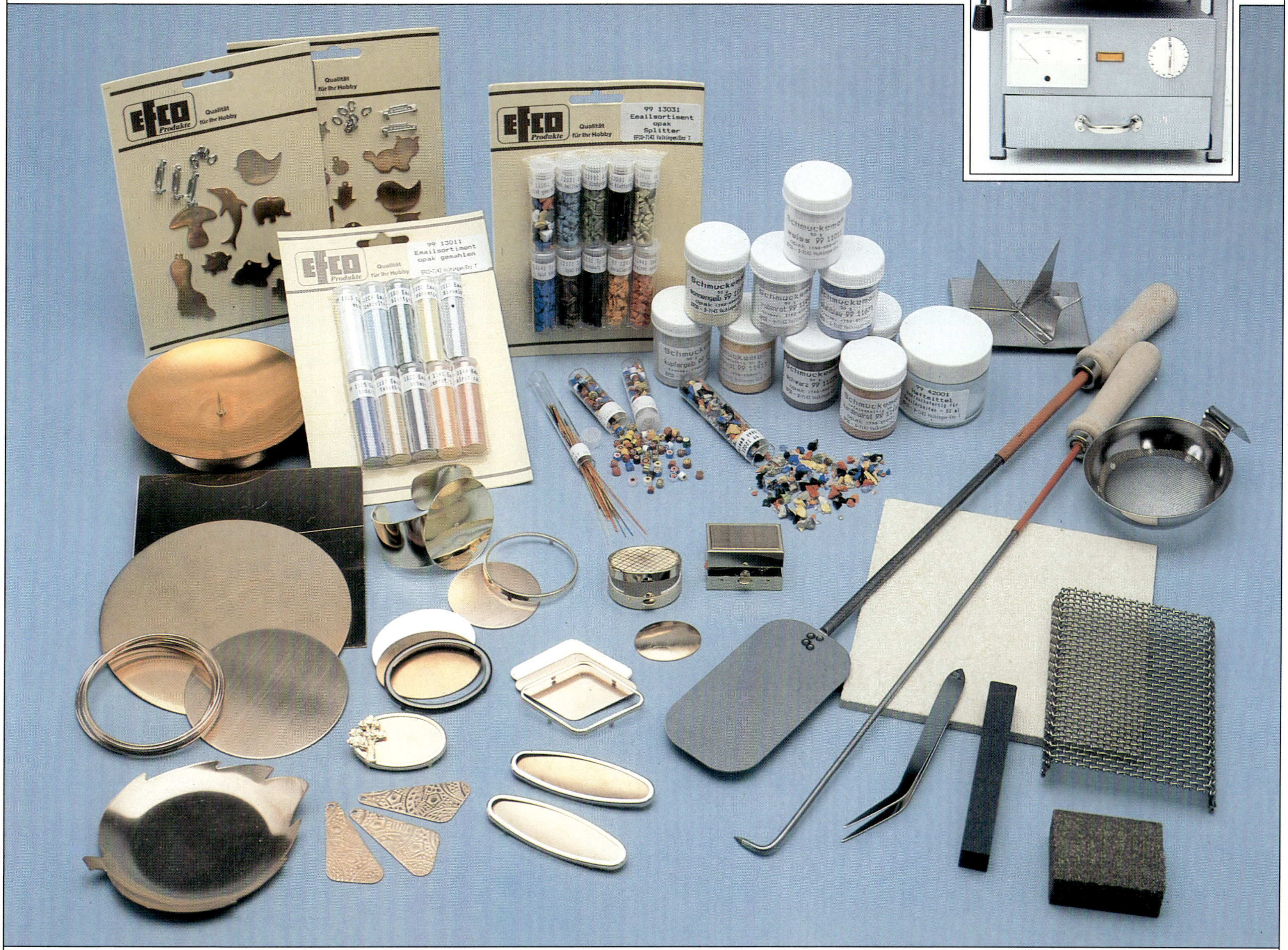

EFCO-Emailbrennöfen – EFCO-Schmuckemail (bleifrei)
EFCO-Keskemet-Künstleremail
EFCO-Werkzeuge und Zubehör zum Emaillieren

Den großen EFCO-Emailkatalog sowie Liefernachweise
erhalten Sie gegen Voreinsendung von DM 10,– bei:

EFCO-Produkte GmbH
Schmuck- und Metallwarenfabrik
Industrieofenbau

Weilerstraße 4
7143 Vaihingen/Enz 7

127